# 与子同行

## 倾听学生的声音

顾晓英 主编

上海大学出版社
·上海·

图书在版编目（CIP）数据

与子同行. 倾听学生的声音 / 顾晓英主编 .—上海：上海大学出版社，2019.9
　　ISBN 978-7-5671-3665-6

Ⅰ. ①与… Ⅱ. ①顾… Ⅲ. ①教书育人—研究—高等学校 Ⅳ. ① G645.16

中国版本图书馆 CIP 数据核字（2019）第 162138 号

责任编辑　徐雁华
技术编辑　金　鑫　钱宇坤
封面设计　缪炎栩
版面设计　谷夫平面设计

| | |
|---|---|
| 书　　名 | 与子同行：倾听学生的声音 |
| 主　　编 | 顾晓英 |
| 出版发行 | 上海大学出版社 |
| 社　　址 | 上海市上大路 99 号 |
| 邮政编码 | 200444 |
| 网　　址 | www.shupress.cn |
| 发行热线 | 021-66135112 |
| 出 版 人 | 戴骏豪 |
| 印　　刷 | 上海华教印务有限公司 |
| 经　　销 | 各地新华书店 |
| 开　　本 | 787mm×960mm 1/16 |
| 印　　张 | 17.5 |
| 字　　数 | 350 千 |
| 版　　次 | 2019 年 9 月第 1 版 |
| 印　　次 | 2019 年 9 月第 1 次 |
| 书　　号 | ISBN 978-7-5671-3665-6/G・3019 |
| 定　　价 | 48.00 元 |

# 前　言

教师往往是以群体形象呈现的，然而在《与子同行》中，学生笔下书写的却鲜活灵动的个体。

课堂教学是学校培养人才的主渠道，是教师工作最基本、最重要的环节。教师要在三尺讲台上书写自己完美的人生，让三尺讲台见证自己对教育事业的激情、热爱和忠诚。

早在1986年，上海大学钱伟长校长就说："教师要教书育人，只是把课讲明白，不算是一个好教师。思想教育，教师也要负责任，思想教育在课堂里要进行，每个教师都要为人师表。"

30多年后的今天，在全面贯彻落实全国教育大会精神时，教师应围绕如何落实立德树人根本任务和学校人才培养目标，如何站上讲台、站稳讲台、站好讲台、潜心教书作深入思考与实践。

新时代，教师面对的挑战不断变化，教师承担的责任不断增加，全社会对教师的期望与要求越来越高：

要营造快乐的课堂、真诚的课堂、有思想的课堂、有个性的课堂、能践行价值真实性的课堂；

要敬畏三尺讲台，把教学当作头等大事，为学生解疑释惑；

要做有担当的课堂教学第一责任人，当好学生的引路人；

……

"所有老师的形象都在影响学生。"本书收录了五年来的五期学生征文。

这些文章大都是"我手写我心",没有堆砌美丽的辞藻,却真实地传递出学生对老师的诚挚情感。

"思想教育要进行,但首要的是身教。"教书育人,绝不只是书本知识的答疑解惑,还含有关于做人做事的责任和爱心的很多意蕴。老师的一言一行,潜移默化地影响着身边的学生,在育人上发挥着独特的作用。不管是学养深厚且德高望重的资深教授、年富力强具有开拓精神的青年教师,还是"学生健康成长的指导者和引路人"的辅导员和"既不是专业教师,也不是学生辅导员,更没有高水平论文"的学生公寓管理员,他们都是上海大学教师群像中的一员,他们用平凡但又不凡的言行感动着学生。

分享青春岁月青葱校园的珍藏,倾听学生的声音,沉浸于师生间的故事,读者能观照自我,让自己的内心丰盈起来。

让师德师风在课堂落地生根,让青春学子在涵濡浸渍中成长成才。

"与子同行",等待花开。

# 目 录

**我喜爱的老师 / 1**

菊开十月，师情永有　　金　蕾 / 3

启蒙人"老陶"　　房李旻 / 6

王者之风　　甘　雨 / 9

感谢有您　　夏　蓓 / 12

生活中的活法，生活中的好老师　　边静茹 / 15

我心中的工图女神　　蒋丝丝 / 18

花开不并百花丛　　李芳凝 / 20

菊花般品质的老师　　刘　婷 / 23

教师礼赞　　王柏璇 / 25

不与群芳争艳夏，偏将傲骨斗秋霜　　朱婧媛 / 28

科技的引导　　何　星 / 31

有趣·价值·给予　　费健舜 / 34

如菊之师　　吴　桐 / 37

默然守候　　盛泽夏 / 40

有您陪伴，我们会一路向前　　徐伟臣 / 43

感谢有她　　徐怡然 / 46

小菊　　薛欣茵 / 49

菊香氤氲，师恩永忆　　赵　敏 / 52

她让我看到全新的自己　　季媛成 / 54

简爱　　柴鹏胜 / 57

## 我喜爱的老师是这样授课的 /61
  教学相长，共话成长　韩晶华 / 63
  尊龚者，闻萍香　盛冬芳 / 66
  如月温婉，如菊芳香　莫　韩 / 69
  如果你遇见她　姚雪澄 / 72
  智慧地球的智慧老师　张书琪 / 75
  彼岸提灯照我前行　孔令达 / 78
  一位青年般的老教授　邵　骞 / 82
  你看金菊灿烂，而我幸与你相见　余苗苗 / 85
  一朵美丽的百合　章佳瑶 / 88
  追逐历史真相的人　许　婧 / 90
  师者，润物细无声　李心怡 / 93
  萌萌哒的高数老师　杨　梅 / 96
  先生，先生　李堰溪 / 99
  薛卜德行馨，师者清人心　张峻榕 / 102
  不一样的课堂　于奇赫 / 105
  沙漠绿洲　姜正芬 / 108
  美的礼物　王子丹 / 111
  菊开留香，香溢师生　李芳凝 / 114
  高山仰止，景行行止　韩　东 / 117
  我想邀您下楼赏花　王孟桃 / 120
  我喜爱的两位老师　陈文蓉 / 123
  喜暖耐寒，恬淡如菊　吕　晔 / 125
  节华先生传　朱　婷 / 127

## 走近"教书育人贡献奖"获得者 /129
  着眼大国方略，心系学子未来　张翼赛 / 131
  前人栽树，后人乘凉　刘轩廷 / 134
  以声动心　项丹雅 / 137

用心、宽心、慧心　朱守哲 / 140
言传身教，育人有方　黄美婷 / 143
学生眼中的"智慧姐姐""知心姐姐"　罗　新 / 146
真诚"建筑"育人之路　陈姝清 / 148
师者如兰，香远益清　郝锐杰 / 151
师心，师迹，师古人，师造化，当师则师　刘赫男 / 154
不忘初心，勉力躬耕　余　跃 / 157
勤研苦思，擎旗奋进　石振宇 / 160
亲其师方能信其道　夏雯竹　张俏颜　马　莎 / 163
循循善诱，诲人不倦　黄媛媛 / 166
尽职尽责，做最佳引路人　冯逸冰 / 169

## 走进"教书育人故事里" / 171

立足实践，做师道的坚守者　蔡珍椽　丁志文 / 173
一言一行为师表，一心一意为科研　刘　婕 / 177
鸿儒之典范，育人之楷模　朱怡婷 / 181
树一片绿荫，触一抹蓝天　张淑芬 / 185
专注科研，热爱生活　黄洪玉 / 188
教书育人，教学相长　朱一方 / 191
实现梦想路上的标杆　王淳雅 / 193
老马识途引弟子，烛亮光辉照古今　宋笛菲 / 196
热爱课堂的老师　沈心澄 / 198

## 走近"教学成果奖"获得者 / 201

"知行合一"铸就新时代的人文栋梁　唐心怡　丁志文 / 203
求新求变，迈出教育改革坚实一步　郑浩威　班琳琳 / 208
"企业+高校"协同模式铸就电子商务新人才　王淑敏 / 212
以学生为中心，做学生课程学习的引导者　薛　哲　董佳媛 / 216
搭建大学与中学数学衔接和贯通的立交桥　蔡珍椽 / 220
中外融合国际化，文化交流育人才　王梦辰　汤文竹 / 225

知识产权过河卒，智慧教学探路人　王梓清　周发升 / 228
苦得有意义，苦得有效率　罗　媛 / 234
重塑人才培养体系，切实提升学生能力　王　荻 / 237
讲好中国故事，培养知华、友华、爱华的国际新人才
　　　王淑敏　黄华美　 / 240

## 附录 / 243

第一次征文

"菊之魅　师之爱——我喜爱的老师"征文活动评选
　　　结果揭晓 / 245

第二次征文

第二届上海大学"菊之魅　师之爱"激励计划之
　　"我喜爱的老师是这样授课的"主题征文比赛揭晓 / 248
上海大学举办激励计划之"我喜爱的老师是这样授课的"
　　征文颁奖暨师生座谈会 / 249
与会师生感言实录 / 252

第三次征文

走近您，走进您的教书育人故事里——访年度"教书育人贡献奖"
　　获得者 / 256

第四次征文

关于举办第二届"走近您，走进您的教书育人故事里"（2018 年度）
　　课程思政主题征文活动的通知 / 258

第五次征文

走近教学成果奖获得者 / 260

## 后记 / 265

# 我喜爱的老师

# 菊开十月，师情永有
## ——记上海大学经济学院聂永有老师

周敦颐曾在《爱莲说》中写到"晋陶渊明独爱菊"，又提及"菊之爱，陶后鲜有闻"。如此高尚之物，现今喜欢它的人似乎越来越少了，而这一次菊花节，让我们再次置身于菊的世界，感受到"满城尽带黄金甲"。

校园内的菊花在金秋十月竞相绽放，吸引了无数游客。孩子们在花丛中嬉戏，老人们在菊花前合照留影，虽然只是校园的菊文化节，但四处都洋溢着浓浓的节日氛围。不知大家有没有发现，菊花似乎并不怎么吸引我们这些学子的目光，偶尔的驻足观赏，用相机拍下花朵的形态，似乎已是我们给予这些盛放的花朵的最大关注。这样的菊花是不是很像我们的老师？宁静致远，志存高远，默默地展现着他们的美好，为校园增添亮色，即使没有人去感谢他们，也日复一日、年复一年地奉献着。

一位慈师，犹如寒秋的暖阳，驱走寒意，照亮人心。大概体态较胖的人会给人带来好感，当我在课堂上第一眼看到聂老师时，脑袋里蹦出了两个俗气却极其实在的字眼——"好人"。当他面带微笑地走进教室，向我们展示着他标准的中年发福身材，倒腾着话筒时，底下议论纷纷，猜测、惊叹或者嘲笑都在他的一句"同学们，首先谢谢你们选我的这门课，能选进来是你们运气好"中，化为了轻松的笑声。

十周课程，他向我们充分展示了他的幽默，他给予我们最大的民主，提供我们最大的帮助。聂老师的民主是最让我印象深刻的，期末考试的形式是我们自己决定的，论文的题目他采纳了同学的意见，他也会根据同学的提议来调整课程的安排。这种民主的方式给我带来了前所未有的感受，也表明了他是一位充分考虑学生感受的老师。

我很喜欢这样的老师，我觉得一位成功的、让人喜欢的老师，不仅仅要教授学生知识，更重要的是要营造一种轻松的课堂氛围，学生不会害怕老师，两者之间存在着一种可严肃、可轻松的友谊。

教师如菊，增添了校园光彩，让我们感受到了早秋般的温暖舒适。一位能师，能遇到便是一种幸运。聂老师，是一位公认的能师。看那完成的作业量和选课人数所形成的对比，他的课堂对同学们的吸引力就可想而知。在一些学生看来，好课的评判标准是有趣、作业少、绩点高，但是，对于聂老师的课，绝对不能用这一套评判标准去评价。他的语言表达、与同学之间的互动，似乎有一种魔力，让我们沉浸其中，巴不得可以一直上他的课。这是老师能力的体现，即使"坊间"传言他的作业奇多、绩点很低，我依然觉得选进他的这一门课，是我的幸运。

遇到这样一位能师，可以说是我初入上海大学遇到的最幸福的事。他的课传授的不仅仅是知识，还教会我们如何去正确地看待政局，也让我们体会创业的艰辛。上过这堂课的同学无一不认为受益匪浅。

一位能师，犹如一个能工巧匠，勾勒着美好的风景，帮助我们创造着属于自己的美好人生。一位恩师，是一辈子的财富，一辈子的记忆。我们一生中，会遇到许许多多的恩师，从小学到初中再到高中，有许多老师在我的生命中留下了浓墨重彩的一笔。庆幸的是，在上海大学生活伊始，我就遇见了这位我会铭记一辈子的老师。有时候，自己也会觉得奇怪，我只是一个理工生，怎么会如此喜欢一个经济学院的老师，甚至曾经还想过要因为他而跨类别考到经济专业去。这种感觉是复杂的、难以言喻的，千言万语只能归结于两字——"恩师"。他教会了我很多，让我在脱离高中的刷题生活后，见到了一种新奇的教学模式。

对于聂老师，我心怀感恩，虽然在这一百多人的教室里，他并不认识我，但是我感谢他、佩服他、喜欢他。同时，我也为上海大学有这么一位优秀的老师感到高兴，因为，以后会有更多的同学受到聂老师的"恩惠"。而我，虽然不太会有机会再去上他的课，但是这十个星期的宝贵回忆我会珍藏于心。

教师如菊，默默盛开，不求回报。花开花落，年复一年，扎根我心，从不凋零。把聂老师比作菊，再好不过。不像牡丹的富贵华丽，他深入学生中，体恤我们，少了那么一份疏远，多了那么一分亲切；不像莲的出淤泥而不染，他接受我们的思想，和我们打成一片；当然，他也不完全像菊，他有隐逸之人的满腹经纶，却没有他们的逃避之姿，他有隐逸之人的高尚节操，却不像他们那样厌弃世俗。可以说，他是一株更完美的菊，一位更适合成为我们慈师、能师、恩师的人。

教师如菊，志存高远，宁静致远。金秋时节，菊花展现着它的魅力，老师们传递着他们的爱，一切都显得如此和谐，一切都显得如此美好。上海大学，这个老师与学生能够快乐相处的地方，真好！谢谢这个美丽且美好的地方，给了我难忘的一个学期，期待着未来更美好的大学生活，希望师情可以永存！

◎ 金 蕾

## 启蒙人"老陶"
### ——致上海大学电影学院陶建杰老师

他是第一位带领我在新闻领域自由翱翔和探索的老师,他是第一位让我真正感知到记者的魅力和魄力的老师,他是第一位在两节课上我舍不得用一分钟时间去寻周公的老师,他就是新闻系的陶建杰老师。

来到上海大学已经一个多学期,作为一名大一的新生,这是我第一次接触到通识教育,从小热衷于新闻传媒并对此有着浓厚兴趣的我自然是不会错过新闻学院老师所开设的课程的。

在我成长的路途中,一直最佩服的便是那位说过"如果有50%的存活率,我就会毫不犹豫地乘着降落伞空降去拍照片"的战地记者——罗伯特·卡帕。对于法拉奇这个名字听闻的次数并不多,陌生中带着一丝熟悉感,仿佛在哪里听说过却又记得并不清晰。

是陶建杰老师的这一门课揭开了法拉奇神秘的面纱。法拉奇传奇的一生、她的个人魅力和独特风格,她对基辛格、邓小平等一场场精彩绝伦的采访帮助我们由浅入深一步步进入这个"女魔头"的个人世界。她总是能够使受访者心甘情愿地说出不情愿说的话来,这需要何等高超的语言艺术啊!

陶老师的第一讲便直截了当地进入了"新闻是什么"的主题。众所周知,新闻每天都发生在我们的周围,但一件人们看似习以为常的事情总是难以引起重视甚至是思考的。在他的讲解中,我第一次知道了原来简单的"新闻"二字竟会有如此多的解释和说明。"好奇心+行动力+学习力+一点理想主义",这是陶老师对记者的必备素养的高度总结,我印象尤为深刻,这是我第一次对一个神秘的职业有了大概的认识，这使我急于想去探究记者的真实职业经历。

陶老师对每一个知识点的讲解除了有较为系统的理论概念外，总是会带有具体的实例，而这些例子往往是近期发生的也容易使我们产生共鸣的，有时候我甚至怀疑他怎么会有这么多有趣的例子，后来我才慢慢知晓和理解这就是一个人人生的历练和宝贵经验。

在课堂上，他永远都是一个充满激情的老师，无论他前一天晚上忙到多晚，对于授课，陶老师从来都不会打一点折扣，他的身上总是散发着一种独特的魅力，让人很容易对新闻事业产生深深的热爱和探知欲望。

课后，陶老师会布置一个可以简单完成却又和课程内容紧紧关联的题目让我们去思考与回答。想要完成它并不困难，但若想要很好地去完成它，就一定要有自己独立的思考和对知识的重新消化理解。

除了课堂上短暂的相处，他和我们的交流更多地体现在邮件中。他对我们邮件的回复可以堪称"秒回"，速度让我吃惊，也让我无比感动。因为他对我们的答疑解惑几乎可以写成一篇文章,每一字每一句记录着他认真负责的态度。在邮件的交流中，他更多地像一个年长的朋友——"老陶"，和我们分享着丰富多彩的故事，让我们更好地去理解自己的困惑，甚至很多时候我得到的独特的人生感悟往往多于对问题本身的认识。

虽然只有短短十周课，但陶老师带给我的却是巨大的影响，他改变了我固有的思考方式。最后的期末作业给我带来的感触更为深刻。陶老师让我们通过人物采写报道去深入探求20世纪80年代的故事。我和外公就他在20世纪80年代的生活和工作展开了一段深刻的交流，外公整个人就像被卷入了长长的回忆中，过往的悲欢离合、喜怒哀乐在他的讲述和感慨中重现。故事结束时外公那一声长叹让我深深地感觉到了他的不甘和遗憾，从而也更深刻地理解了那个年代以及那个年代的人和事。

是陶老师给予了我这个宝贵的机会，他还和我们分享了前几届学生采访农民工和"蚁族"的趣闻趣事，深入的报道只有亲身的采访体验才能写出来，文字的力量是无穷的。我理想中的记者形象，就是那些将微不足道的东西挖掘出来展现在世人面前的人,这是记者的职责,也是神圣的使命。

这就是"老陶"——陶建杰老师。他带给我生活的新气象,他带给我思想的新启蒙,他带领着我一步步前进在我所梦想的新闻道路上。

◎ 房李旻

# 王者之风
## ——记上海大学管理学院于晓宇老师

所谓的王者，应该是泰山崩于前而依然淡然处之的人，是无论世事如何变化却依旧心如止水、坦然面对的人，不以物喜，不以己悲。在大一时为我们上"管理学B"的于晓宇老师就是这样的人，他身上具有一种独特的气质，我将其定义为王者之风。

至今记得晓宇老师第一次走进教室的时候，我还觉得他是不是走错了教室。只见一个白了少年头的人背着一个书包缓步走进教室，轻轻地把书包放在讲台边，随后将麦克风戴了起来。明明只有三十几岁的样子，但是却白了少年头，这得要费去多少的心血和精神？他是经历了怎样的风雨辛酸呢？后来听他说了自己从小到大的种种经历，我不得不感叹造化弄人，也不由得对他的才华进行一番感慨。因为见识过各种各样的大风大浪，那种王者之风浑然天成，当真是霸气侧漏，以至于我们在他面前显得是多么的渺小。

课上，他遇到了一个难题，用不来麦克风。他果断向学生求助，甚至幽默地提出了加分的诱人条件，结果当然是重赏之下必有勇夫。不过，那个同学显然过于自信，在给出了错误的指示后很淡定地回到座位，还来了一句："这有什么难的？"没想到的是，晓宇老师补了一句"给出错误的指示是要扣分的"。哈哈，大家都笑了出来，只见那个同学也尴尬地笑了笑。

课后，晓宇老师喜欢和同学们交流一些新鲜的东西，他使用微博和人人网等社交平台，也会尝试接触新事物，还会和同学们讨论iPad上好玩的游戏。虽然他表面很严肃，但其实他很随和。怎么说呢？比起一个老师，他更像一个哥哥吧。作为一个老师，他的胸襟很开阔，当真是海纳百川，有容乃大。不过，课上的他是严格要求的，迟到的同学要站在门口直到下课再进入教室，课上可以喝水但禁止吃东西。说实话，这也不算严格，确切地说，这更像是强调一些约定俗成的东西，立下了规矩。

不同于其他老师的照本宣科，如把现成的 PPT 拿来照着读，晓宇老师更喜欢活跃课堂气氛，带领大家一起玩游戏，模拟各种商业场景，一起欢笑，留下一段美好的回忆。这样的课堂好像很久不曾见过，每每想起时，我总会情不自禁地裂开嘴角傻笑，好怀念啊！

而最让我敬佩的应该是他对于同学们所提问题的解答。曾经在我最低落的时期，是他给予我指导和支持，让我印象深刻，难以忘怀。那时的我，因为创新项目遇到了一些团队摩擦，整个人像蔫了的花草那般无精打采，我抱着试一试的心态，向他求助。他并没有回答我，只是回复了我"课下来找我"。看到这五个字后，怀着忐忑的心情，我将事情详细地讲了一遍。还记得当时他的那句"你没必要为了迎合别人低俗的口味来降低你的水平"，他的坚定的语气，对我也是一种鼓励。聊着聊着，似乎我们也不再拘束于师生之间的身份，更像是朋友，可以肆无忌惮地聊人生，可以无忧无虑地探讨问题。"做人很累，真的很累啊，面对着不同的人，你戴着面具，可是面具戴久了，你就脱不掉了。"他的语气与之前比较起来显得有些激动，一定是想到了什么才会这样的吧。人生十有八九不如意，也许晓宇老师也想到了什么吧。其实，这很普遍。我跟晓宇老师说，如果我在公司里工作，老板要求我去做的，我没有拒绝的权力。因为我是员工，在签下劳动合同的时候，通过这一纸契约，我就必须履行自己的义务和职责。人就是不停地给自己织就一张张网，又被这些网困住，不止是庸人，是人都会有困扰的吧。不同的是，有些人鼓起勇气去面对、去克服，破除了迷茫，他们就可以找到出路，走下去。当然，这些只是少部分的人，而其他大部分的普通人，只能继续迷茫而平凡地度过一生吧。晓宇老师就是那少部分的人吧，有那么一颗坚强的心和决绝的勇气。一直都觉得，晓宇老师走路的时候或者站立的时候，身影都笔直得如苍柏，毅然决然，坦然安然；说话时不怒自威，王者风范油然而生。这是我对他最深刻的印象。虽然我和他差不多高，但是他那笔直的身影是我不能企及的。

　　晓宇老师只是我人生中的一个过客，可是，我总不能忘记他，笔直的身影、娟秀的字迹、坦然的态度，同时集中在他一个人身上时，我有些感动。奥尔罕·帕慕克说："美景之美，在其忧伤。"也许，见识了许多花里胡哨的东西后，一些朴实无华的东西会更吸引自己吧。见识了这么多风格迥异的老师，只有认认真真的老师才会让人真的感动吧。也许他不是众人眼中的王者，可是他是我心中的那个王者，自信、果敢！这也就足够了。我衷心希望老师可以走得更远，声名远扬！

◎ 甘　雨

## 感谢有您
### ——致上海大学马克思主义学院李晨老师

在高考过后的日子里，经常会看到这句话在网络上流传："如果那年，我们多对或多错了两道题，那么现在会不会在不同的地方，认识完全不同的人，做着完全不同的事。果然高考的迷人之处，不是在于如愿以偿，而是阴差阳错。"偶尔看到这句话时，我会想自己会不会后悔来到这里，会不会埋怨自己多对了或是多错了几道题，我总是能想出很多个理由告诉自己，我当然没有后悔。我想这是所谓的冥冥之中的天意和命运让我与这么多可爱的人相遇。如果我没有来过，没有遇到这些人，包括一位我十分敬重的上海大学老师——李晨，我会感到遗憾。

初入大学，相信很多人和我一样，有着想要学到真本事的渴求，又常常在看电影、逛街、玩游戏中虚度光阴。在这样的矛盾纠结中，我们常常找不准自己的位置，更容易在一天天的日子里消磨光阴和青春。有时候，也会煞有介事地评论某某课程的"坑"或者"水"，而李晨的课，是一门真的能学到东西的课。不管是他开的"管理的基本素质与技能"，还是广受同学们喜爱的"大学生情感认知"，都是从我们真正需要的素质技能出发，是能够真正学到本事的课程。我们离接触社会的时间已经越来越近，可是又有多少大学生已经具备了涉世的素质呢？又有多少人把这当作重要的事情在练习呢？记得他在微信上的签名是："不做好老师，只做让学生好的老师。"是的，我在课上能感受到自己在为人处世方面懂得比以前要多了，也在努力保持良好状态，自身的状态在改变。

看到征文的要求是 2000 字左右，我不禁想到，在这个惜字如金的年代，我们的字常留在 QQ、微信、微博上，老师布置 2000 字论文会发怵，我相信能够毫不犹豫地写下这 2000 字的人都是真爱。而真正好的老师，值得我们用 2000 字甚至是 20000 字去书写他们。因为他们对学生的影响，也许会改变学生的思想；他们教会学生的东西，会被永远记住。李晨，就是这样一位老师。

我很喜欢这位老师，我会定期关注他的微博、人人或是微信。勤奋的老师不止在课堂上有精彩的 45 分钟，更是课堂外学生们的益友。他是乐于思考并且善于思考的人，平时的思考感悟都会发布在网上让同学们讨论参考，大到对某样机制、特征、习性的分析，小到对地铁上某个现象的感悟，有时还会是某一样很有意思的小吃，或者是对生活点滴美好的感悟，总之面面俱到。从这些信息中可以了解到，他是一个热爱生活的人，尽管我猜他不喜欢我用这样的词语来形容他。但是不管是工作或者是工作外的活动，我总觉得他都是一个很有意思的人。

上他的课也许可以说是一个"受虐"的过程。在他的课上，有很多的观点和见解都是我们未曾触碰过的。这也许都会在年轻的心灵上激起千层浪，当自己的观点一直被推翻，可你又觉得他说得对，没有办法反驳的时候，这就是"受虐"的过程。可你又还忍不住再去享受这种思想的洗礼，对此充满期待。在年轻人的思想中，也许我们会对他的一些结论感到惊讶，也许不羁的性格会让我们去抗拒一个长辈的忠告，但是正如李晨自己所说："我不要求你接受我的观点，但是不要去排斥它。你为什么要排斥一个 40 岁人的经验呢？如果现在没有办法理解它，先储存在脑子里，让时间来证明这些。"李晨上课的一大特色就是作业多，几乎每一次作业都超过其他老师的作业量，他一直强调的是"本事是练出来的"，就是通过大量的作业训练来达到某种效果。作业多在一定程度上也会让一些不是真心想选课的同学知难而退，让更多真心实意的同学聚集在一起交流学习、互相进步。心理干预也是他很突出的一个特色，在一分钟自由展示的活动上，你随时可能被打断，并且老师会毫不留情地指出你在肢体或者是语言表情上的不当之处。一开始很多同学都不适应一下子成为大家关注的目标，但是通过一定强度的训练后，我们都能扛住这种干预，被老师点评也是一个不断改变自己的过程，即使成为大家的笑料也算陪大家幽默一把。

　　我们在课上接触到的是其他同学的不同思想，这让我们形成"自己人"的意识。通常许多同学上过课分开后再没有任何联系，但是在李晨的课上，由于同学之间的交流，会让很多志同道合的人自动聚集在一起，形成自己独特的交往圈子。

　　一门好的课，必然和这门课的老师是分不开的。我喜欢这样的老师，他有足够的吸引力，有很快的反应能力，有掌控全场的气场；他是一个有男子汉气概的人，但又拥有生活的情调；他会慢慢老去，但又会保持很新潮的思想；他会思考，并且拥有自己的理论知识，又不是一个只会说不会实践的老师；他会有很多方法本事，并且能够让人跟他学到本事和方法；他是一个聪明的人，有方法的人总不会太笨；他知道课堂情绪的敏感点和兴奋点，懂得把握上课的节奏，也会在学生开玩笑的时候觉得不好意思……

　　李晨，请原谅我整篇文章都直呼了您的名字，我觉得这样显得亲切些。我仍旧会感谢一些独特的机缘巧合下的相遇，让我认识了您以及其他的小伙伴们，我的预感告诉我，我会和他们并肩走过一段很长的路并且团结、友爱、互助。

◎ 夏　蓓

# 生活中的活法，生活中的好老师
## ——记上海大学法学院陈琦华老师

  初来乍到，置身于上海大学五花八门的通识课之间，我彷徨，我欣喜，我担忧。彷徨于选什么样的课，欣喜于能自己选课，担忧于选错课。

  于是乎，我凭着自己最初的向往——学习法律，选了"生活中的活法"这门通识课。乍看之下，不少同学会错了意，把"活法"理解为"生活的方法"，从而以为这是一门生活哲理课，不想竟然是一门法律知识课，以至于第一节课刚上课，不少同学露出了意外与惋惜的神情。但出乎我们意料的是，这位年轻而又活力的女老师让不少同学改变了法律呆板枯燥的刻板印象。正是如此，朝气蓬勃也是陈老师留给我的第一印象和深刻印象。

  9月初的晨光照耀在我去A楼的石路上，我踩着自行车的踏板悠悠地晃着，脚下石板被压出的吱吱声和着清脆的鸟叫声，自成一曲，奏出清晨的热情，一直伴随着我进入教室。

  150人的阶梯教室已被新生们的讨论声填满，这更加提高了我上法律课的热情。我赶紧找了空位坐下，与周围的小伙伴打了招呼。此时台上早已站着一位女老师。她穿着运动装，扎着高高的马尾辫，露出大大的额头，鹅蛋脸，脸上挂着淡淡的微笑，说不出道不明我感觉到一股朝气与活力，这位陌生的女老师彰显着干净利落的青年女教师形象。这与我印象中的法学教授戴着厚厚镜片的眼镜，抱着厚厚的法典，不苟言笑、严肃拘谨的形象完全不同。于是我的心中又对这位女老师充满了好奇心。

  上课铃声打响，怀着满满的期待，我听了第一堂"生活中的活法"。虽然现在 12 周的时间已经过去，我已经忘记了陈老师第一节课具体的内容，但之后她介绍的社会法案以及她亲身经历的案件，还有她充满朝气的微笑总在我的脑海中挥之不去。两节课在她精彩的讲解下不一会就过去了，不光是我，不少我认识的理工和经管专业的同学也喜欢上这节原本他们认为会很无趣的人文课。她亲切的笑容，让我感觉我离喜欢的专业又近了一步。不假思索，一下课，我就跑上讲台与陈老师交谈，她一如既往的慈爱的嗓音让我备感温馨。

回去的路上，鸟儿已停止鸣叫，专心觅食。9月的太阳依然毒辣，但并没有晒干我被滋润的内心，我骑着车，一路前行，此时的我有着坚定的目标。

之后的课程，她不仅通过一些案件告诉我们须知的法律常识，而且还告诉我们一些生活的阅历。比如，陈老师通过洞穴奇案告诉我们：道德与习俗也可能成为法律依据，法律之外，更有人情。好的老师并不是像同学们一贯以为的作业少、不点名，而是真正教会我们知识与技能的恩师。

在我看来，陈老师传授给我的不仅仅是一些法律知识，在我心中更是树立了一位伟大的模范形象，一位知识丰富的法学博士，一位青春向上的女青年，一位能给人带来温暖的社会人。这也成为我为之奋斗的目标。

虽然接触并不多，但我能感觉是她把我引进了法学这扇大门。她身上的特质以及她丰富的知识内涵让我更加坚定学法的信念。我想这也许就是通识课教育的魅力所在，每个大一新生都能通过尝试，感受目标与现实是否一致，决定要不要朝着自己既定的目标前进，抑或发现一个自己更加感兴趣的专业。我相信，接下来会有更多优秀的通识课和慈祥的老师授我知识，传我经验。经过这次课，我似乎明白上海大学教育教学改革所传达的信息：尝试、选择、坚持。

"生活中的活法"这门通识课不仅让我们了解了一些生活中可能会遇到的基本的法律知识，对我来说，更重要的是，它是我兴趣的源泉、努力的方向以及奋斗的指南。

如今，寒花开已尽，菊蕊独盈枝。暗暗淡淡紫，融融冶冶黄。上海大学正值菊花节，寒风中满校园的菊花惹人眼。菊之魂——坚忍、自强不息。正如陆游在《晚菊》中所言："菊花如志士。"校园中，每位辛勤的老师便是志士，志在让每个学子在进入社会之前成才，志在为国家培养可用之才，志在为教育奉献自己的力量与青春。菊之魅，师之爱。陈琦华老师带给我的正能量也许就是师之爱吧。

　　十月菊香悠长，四年师情婉转，风之寒，师之爱，生之心暖，感恩在怀。滴水之恩，他日必将涌泉相报。

◎ 边静茹

# 我心中的工图女神
## ——记上海大学计算中心俞琼老师

> 一支粉笔,在黑板上笔走龙蛇,赞叹间勾勒出三视图;
> 一键鼠标,在屏幕上指点江山,纷繁中幻化出轴测图。
> ——题记

在我的脑海里,她的眉眼总是弯弯的,如远山上迷雾中的新月,却又嵌着似一泓春水般温暖的笑意。在你心灵干渴时滋润你的心田;在你无力奔跑时,静静地激励你。

### 课上教学篇

铃声未响时,俞老师便提着她的黑布袋子和大音箱走进教室。她好像永远都是一袭及膝裙装,平底布鞋,短发过耳,步履平和。虽未戴金翠之首饰、着华贵之盛服,但气质天成,很有电视剧中上海女子的韵味。

你可以想象这样的一幅情景:你瞪圆了眼睛盯着黑板,ok, So easy,可是你稍不留心,黑板上就是些天书了。对于这一点,我一直十分怀疑它的真实性,但最后却归结为万分佩服:果然是具有二十多年功力的大师。她的讲课速度是极快极详细的,每一分每一秒都要认真专注。我想这课本上学的知识大抵相同,但不同的老师将带给你不一样的体验。真经易得,良师难求。

## 机房上机篇

对于一个长期只会使用电脑玩 QQ 的我来说，上机操作是一件极其痛苦的事。我常想就算爱因斯坦在世，他的工程制图也会是不及格的，当然这只是假想。记得第一次上机操作，当对面的同学轻而易举地完成课上练习时，我还在为怎么打开工具栏而神伤。时间一分一秒过去，我感觉嘲笑的目光快要将我吞噬，却只能无奈地挥舞着鼠标胡乱点击，唉声叹气。又是那一泓清泉激励了我：不到最后一刻，绝不能轻言放弃。哪怕千难万难，总有一条路可走。

我永远都不会忘记，是她手把手教我制作出了第一个轴测图；我永远都不会忘记，是她教会了我怎么用 U 盘、下软件；我永远都不会忘记，在那个夏天她一次又一次宽慰不自信的我。大学和高中不同，老师不会追着你跑。但离乡千里的我们，往往更需要这种善意。经师易遇，人师难得。在初来大学的第一个学期，她不仅传授给我丰富的文化知识，还让我感受到了温暖与包容，使我懂得很多人生道理。

## 课后辅导篇

对于这一点，我印象最深的是俞老师每次一着急，上海话就会不由自主地飙出来，讲完之后才发觉原来我们都听不懂，然后大家就笑起来，最后她用普通话再讲一回。与她相处，你永远不会感到局促。

今天我怀着感激的心情写下这篇文章，希望能向老师略表我的感谢之情。希望下次有机会，还能再上她的"工程制图"课。

◎ 蒋丝丝

与子同行——倾听学生的声音

# 花开不并百花丛
## ——记上海大学文学院蔡锦芳老师

校园里的菊花灿若云霞,每次看到这么多花儿我就很兴奋。虽然有人说,这么摆弄着,赏花的美感早失去了,更何谈赏花情趣?我倒觉得这真真实实的花儿,簇拥着是美,于山野间不着痕迹地开上一簇也是美。你看它们,那么尽情地、那么热烈地笑着,像是在欢庆节日似的。

又是一年菊花节,记得去年这个时候,刚进文学院的我正在犹豫着选哪个导师。前前后后的几天,舍友们每晚谈论的都是这个话题,然而越是讨论就越是没有头绪。后来,我还是选择了您,蔡锦芳老师。

### 小事两三件

我第一次见到蔡老师其实是大一时,在文学院的一个会上,那个时候其他老师都在很客气地表扬着我们的同学,蔡老师却说:"我觉得我们的同学,在读书上还不够努力。"我当时就觉得蔡老师很不一样,有点真性情。说来也巧,选导师时本来不知道选谁,可就是在要提交名单那天,我在电梯里遇到了蔡老师,突然间,我觉得我的导师应该就是蔡老师。在电梯里遇见老师的时候,老师还根本不认识我,现在想想,当时的决定就像是机遇加上了灵感。

还记得当时过了不久,我就跟老师说明了自己的兴趣方向,而这个方向又跟老师所研究的领域不太一致,老师也没有强加给我压力,反倒是鼓励我更广泛地去阅读;并且说,要读书,一定要去图书馆这些地方,多在书架前面看,先看书的名字,看到自己感兴趣的,再拿出来,翻一翻,心中有个数,好看的继续读，不好看的可以放回去。

老师讲的这段话，真的很不一样，以前听老师说广泛阅读就是让我们认真地去读各种各样的经典，而蔡老师所说的广泛阅读显然范围更加广泛，也更加能够增加读书的乐趣。

没多久，学院开展了"走进大学、认识大师、阅读经典"的项目，请老师指导学生完成。在商量之后，老师建议我和另外两个同学阅读王阳明。

老师先是很有经验地告诉我们，要学习一个人，了解一个人，可以从他的生平看起，现代人就看传记，古代人可以看年谱，要由简而难。

当时听到此话，我并没有好好地去领会，以至于把钱德洪的《阳明先生年谱》拿来啃，结果不难想象，当然就是放弃。后来老师又点拨我，说应该从现代人编的年谱开始看，并且说："如果借到手的一本书觉得有些艰涩，读不下去，大可以换一本适合自己的书，也可以找一本有趣的书，我们完全没有必要把这个任务完成得那么辛苦。同样一个项目，我们可以通过换一本书来使过程轻松愉快。"果然，从现代人写的年谱和评传看起，我才慢慢进入状态。可是，看了一些以后，我就又跟老师说，我不喜欢王阳明了，这些人无非就是从立德、立功、立言的角度去写王阳明，就像贴标签一样。

我想老师当时一定很不高兴听到我说这些话，但是她没有表露出来，反而很耐心地指导我继续深入，还推荐王阳明写的《瘗旅文》和《答毛副宪书》。

项目最后如期完成了，后来我还向系里的同学们展示了我们的项目报告。只记得当时站在台上一紧张，讲得颠三倒四，我想这下完了，真是挺对不起老师以及与我合作的另外两个同学，我这样胡言乱语的，把大家的付出都浪费了。可是，从台上一下来，趁着空档，老师却来鼓励我，安慰我，说我讲得挺好。当时的感动到现在我还记得清清楚楚。

## 菊之韵

前两天又听了蔡老师一个关于菊花的讲座。老师讲到菊花的品格，以前只知道"菊，花之隐逸者也"，便以为菊花只是花中的君子，却不知道南宋遗民诗人郑思肖在《画菊》中写道："花开不并百花丛，独立疏篱趣无穷。宁可枝头抱香死,何曾吹落北风中。"诗人以此表现自己与众不同的气节。我的见识又拓宽了,再看校园里的菊花,也觉得更有趣了,老师总是在很细微的地方影响我们,就像她对菊花的解读。

这一年,我跟着蔡老师学到很多。

◎ 李芳凝

# 菊花般品质的老师
## ——记上海大学理学院徐玉兰老师

初次见她时，说实话，有点失望。跟想象中的形象有好大的差距。个子不高，人比较瘦，不苟言笑。然而在后来的日子里，我对她的看法却在悄悄地发生着变化。

开始几节课的时候，一到下课时间，她就貌似在一个人嘀咕：谁来擦一下黑板呢？然后又低头看她的笔记。可听到她的话，大家当然就不好意思再坐在位子上了，有时候一块黑板好几个男生擦，我们在底下看着就想笑。

因为一开始我们对她都不是很了解，所以也没有上去问问题，下课的时候她的身边就显得比较冷清，可日子一长就不一样了。不管是课前、课中还是课后，她的身边总是围着一群人，她总是拿着粉笔在黑板上演算，一边说一边算，看着真是有些味道呢！要是有的题目问的人多了，她就主动跟我们全班人讲解，指出哪些是我们容易忽略的，哪些是容易出错的，考试的时候一定要避免。期末考试前的几节课上，在讲解几道经典例题后，她边笑边望着我们，说道："这道题你们要是还做不出来，就真是对不起我啦！"底下哄笑一片。

还有一件事我现在想想就觉得好笑，课上到一半，突然传来一阵手机短信铃声，就是非常可爱的卡通形象的声音，我们都在底下偷笑，她蹦了一句："铃声要不要这么可爱啊？"当即全班都乐了。这个老师，说话的语气也太可爱了吧，跟她的年龄真是有出入啊！

有时候，临下课前的几分钟，她站在黑板前想着该布置哪几道题目时，我们也不安分，一个劲地催她，她也不恼，反倒是慢悠悠地报题目："第一题啦，第三题啦，第四题啦……"坐我后面的人马上接道："第五题啦，啦，啦……""哈哈哈哈……"我们真的是忍不住了，连她自己都忍不住笑了。刚一说完，下课铃声就响了，拎着书包，我们就带着老师的笑点冲了出去。

她上课时喜欢不时地嘀咕："这怎么又坏了？"其实她说的是老师佩戴的扩音器，那个扩音器时不时地就有噪音出来，每到这个时候，她总是特别着急地转动扩音器上的按钮，有时候却越弄越糟，这时的她总会悠悠地叹一声："哎！"然而这一声却通过扩音器传给了我们每一个人，我们能做的只有低头偷笑而已……

记得学校让我们给各任教老师评价，我毫不犹豫地给了她好评。两天后，我十分欣喜地在网上看到老师位列好评前十名！当时我那个高兴啊，真是从心底里为老师感到开心，也为自己能拥有这样不一般的老师感到庆幸。

现在学校正在举办第十一届菊花节，看着那些姹紫嫣红的菊花，我不由得想起了她——徐玉兰，我曾经的数学老师。虽然现在已经换了一个老师，可我还是忍不住想起了她，她的笑，她的话，她的作业，她的题目……

她不会摆出一副严师的样子，让人无法靠近。相反，她是那样平易近人，仿佛我们和她之间从没有代沟，即使有时候她会说："这题你们要是还做不对，真是很对不起我啊！"可是我们依旧那样爱她。她会和我们一样，笑得那样纯真，那样没有原因，可这不正是她的可爱之处吗？都说菊花是代表老人的，可是我却想用菊花来比喻我们的老师，花瓣虽小，却挺直了身子；花香虽淡，却沁人心脾。菊花，在寒风中傲然绽放，这和徐老师是多么像啊！

菊花节终将闭幕，那些不惧寒冷的花还是会逐渐淡出人们的视野，也许一丝花香都不会留下，然而有着菊花般品质的徐老师却永远记在了我心中。

亲爱的徐老师，愿今后的日子中，您一切都好！

◎ 刘　婷

## 教师礼赞
### ——记上海大学数码艺术学院潘璋敏老师

菊花盛开在秋季,是万物凋零后在秋天奉献自我的花,不与其他花卉争奇斗艳,志存高远,宁静致远,这些特质正是对教师高尚品格的诠释。

上海大学的短学期制意味着学生与优秀教师的接触也许只有短短十周课,也许一个学期之后我们也就没机会接触他们了。尽管如此,依然有那么一位老师让我印象如此深刻,让我如此钦佩,那便是数码艺术学院的潘璋敏老师。

在去年菊花节举办之时,我初识潘璋敏老师。7月份我们理工大类班30个学生刚刚完成专业分流,进入数码艺术学院,从宝山校区搬到嘉定校区,如何将理工思维融合进艺术氛围中也成为一个重要的学习任务。机缘巧合之下,我与四名同学一同加入潘老师的工作室,与工作室中优秀的学长共处,接受指导。理工科出身的我们,虽然怀着艺术梦想,却有些茫然,此时遇到同样具有理工背景、在摄影与茶艺方面造诣颇深的潘老师,才逐渐坚定了方向,潜心科研。大二学年我的绩点位居年级第一,工作室的徐丹、马劲梅同学也处在年级前二十之列。与此同时,工作室的同学均参加了各类比赛,学业、科研都不落下。

能遇到潘老师这样的好导师,得益于上海大学具有特色的导师制度,它拉近了师生间的距离,增进沟通,使得学生更为理解老师的指导思想,让师生的学术科研活动都事半功倍。在潘老师的工作室中,有来自各个年级的本科生和研究生,低年级学生可以向高年级学生请教经验,更快地融入其中。学长的不同发展道路也为其他学生树立了榜样,杨晨学长创业成功,洪浩瀚学长考取了复旦大学研究生,胡梦兰、李馨等直升了上海大学研究生……

潘老师总是神采奕奕,激情澎湃。他是一个十分和蔼的人。他关心学生的综合素质发展,在为学生布置学习任务时,也不忘传授做人的道理,力求尽善尽美。他常常会和学生谈心,给大家讲述学科前沿动态,帮助学生规划发展道路。他常说,很期待自己的学生朝着更高更优秀的方向前行,学生发展得越优秀,他就越欣慰。

虽然潘老师为教学、科研工作和社会事务十分忙碌,但从不忽视对学生的培养。在他的指导下,我和三位学长一同参加第六届全国大学生物联网创新创业大赛,以上海市一等奖的成绩进入全国决赛。潘老师带领我们在江苏无锡的决赛上展示比赛作品《如果·爱》,鼓励团队成员向参会的业内人士、观众进行作品介绍,还教导未直接参加比赛的同学要多多学习答辩的经验,尽可能提升自我。最终,潘老师带领着我们团队获得全国二等奖,为学校争了光。

最好的传授方式是言传身教,以身作则。潘老师教授的专业是摄影,他对专业的苛求和严谨,让我们在不经意间对摄影产生了浓厚的兴趣。在他的指导下,同学们掌握了一些专业的摄影技法,工作室里六位学长还取得了国家高级摄影师资格证书。潘老师还是国家一级茶艺师,他帮助学生了解茶艺,注重学生个人修为的培养。张婉琪学姐就以高超的茶艺水平连续获得了市级一等奖和全国茶席艺术设计大赛优秀奖。

大学是一个让人学会独立的地方。一个大学生突然从高考的压力中解脱出来,方向不再是唯一的"考试拿高分",学生工作、娱乐、实习、上课……这些繁多的选择让初出茅庐的大学新生感到迷茫,其实这时候的大学生很需要指导性的建议。在这一点上我很感谢潘老师的指导。他会在挑战来临时,鼓励学生勇敢尝试。人生不怕失败,只怕不敢尝试。潘老师是我在创新项目科研方面的引路人。他鼓励学生勤思考,多阅读专业文献,指导我们对学校提供的网络学术资源进行浏览、汲取知识。他会以教师独特的视角帮助学生,关注前沿的科技走向,建议我及时调整研究方向。在他的指导下,我申请了上海市大学生创新项目"用傻瓜机拍摄 3D 视频"。在申请过程中，我遇到了很多困难——技术上如何实现，申请所需要的资料有哪些，如何着手实施项目计划……在潘老师的指导下，诸如此类的问题都迎刃而解了。

有一阶段，潘老师作为高级访问学者前往国外进行学术交流。远离祖国，他却并未忘记上海大学校园内他所指导的学生们。虽然有着时差，但他仍然坚持通过即时通讯软件、电子邮件与学生进行交流，询问大家的近况并予以指导，如同朋友一般亲切。与此同时，他也不忘关注校园资讯，提点学生争取提升自我的机会。

我曾在一个网页上看到对好老师的 20 条评价标准：懂尊重、会微笑、人善良、爱表扬、多宽容、人优雅、懂学生、换位站、常联系、会感恩等。21 世纪的大学教师，不仅仅担负着"传道、授业、解惑"的传统职责，还承担着培养学生适应时代发展的能力、培养学生坚强的意志和健康的品格等责任。潘老师凭着渊博的专业知识、综合能力以及对学生的一腔责任心，赢得了学生的衷心敬佩。我很庆幸，在我刚刚确定专业的时候，遇到了这样一位值得我学习的出色导师。我要学习的不仅是他那渊博的学识，更是他的稳重细致、勇于担当与孜孜不倦的进取精神。

◎ 王柏璇

与子同行——倾听学生的声音

## 不与群芳争艳夏，偏将傲骨斗秋霜
### ——记上海大学数码艺术学院耿明松老师

在大学里，我接触到了各种各样的老师，有的活泼开朗，有的幽默风趣，有的文质彬彬。而我今天想写的是一位有着菊花般刚毅精神的老师，他的成长故事在生活和学习中激励了我，让我坚持自己的艺术梦想，不断进步，勇往直前。我想以此文感谢数码艺术学院的老师——耿明松。

耿老师瘦瘦高高的，皮肤黑黄，长相普普通通，但是一身正气，你一眼看到他就会有一种正义的感觉。从大一到现在，两年多的时间，我上完了他教的所有课程。他讲课时的样子让人觉得有些木讷，语言也不是很幽默，而且不苟言笑。他教的又是基础理论课，相对于其他课程，略显枯燥，所以很难吸引同学们认真听讲。偶尔课上讲的一些"冷笑话"，也不太能提高同学们听课的激情。但是如果你和我一样课前预习，课上仔细听讲，认真看耿老师制作的课件，你会发现耿老师的课件准备得非常充分，很快就能明白每一章节的重点、难点。他教的课程涵盖的知识面很广，开阔了我的眼界，激发了我学习设计的热情，而且对我现在高年级专业课的学习有很大的帮助。在课后我向他提问时，耿老师耐心地给我详细的解答。我发现老师其实外冷内热，还有一些腼腆，笑起来也十分和蔼可亲。

他是学院里为数不多的年轻教授，毕业于清华美院，很多同学对他的人生经历都十分好奇。在课上、课后与他的交流中，我得知，老师从小生活在一个农村家庭，高中时被送去学美术，大学考上了湖北美术学院。当时，农村人对艺术的认知还不多，取笑他不学无术，是个败家子，他和家人很长一段时间在村子里抬不起头。在大学里，同宿舍的同学假借艺术的名义做了一些不道德的事情，出于正义和道德，愤怒的他加以劝阻，不但没有效果，反而遭到了别人的取笑。经历了很多很多，他依旧一路奋斗，坚持自己的理想，读了本科，成了硕士研究生，再成为博士，一步一步奋斗进了清华美院。我想他这一路上必定有着许许多多的磨难与挫折，但他都不轻言放弃，总是忘记伤痛，继续奋斗，从而取得了今天的成就。

今年我已经大三了，这三年走来也不十分顺利，在生活条件等一些方面我不如许多同学，但是人总要找到一个平衡点，所以我凡事力求完美，希望在学习上可以胜别人一筹。但人总是有一些畏难情绪的，很多时候我想放弃，但是每每回想起老师的激励，想到老师的人生经历，我就会继续咬牙坚持下去。我也更深一层地理解了"不忘初心，方得始终"的含义，我相信未来是光明的，道路是平坦的，只要你肯坚持。

记得著名编剧六六的一句话："一个人的伟大，并不是说你为社会做出了多少贡献，你多有成就，而是在你面对诱惑的时候，懂得放弃。"老师把更多的时间用于钻研学术，有同学问他为什么不出去玩，不去更多地去享受。他笑笑说："忙专业的时间都不够，哪有时间去玩。"由他编写的《设计艺术学概论》我仔仔细细地读了一遍，感觉受益匪浅。面对成就，他不骄傲自满，面对生活中的种种诱惑，他不忘初衷，坚持做最真的自己，教书育人。他成为我心中的一个标杆，我很敬佩他。

在分享他的人生经历时，他多次强调了他的老师在学习和生活中给予他的帮助，他说没有这些老师的教导，他是不会有今天的成就的。这让我觉得他是一个心存感激、用感恩的心面对生活的人，别人对他的点滴恩情，他都铭记于心。随着社会的发展、时代的进步，一些都市里人们变得越来越冷漠，越来越以个人为中心，总觉得得到是应该的，失去的时候往往捶胸顿足，从而生活得很累。作为一个很快就要走上社会的大学生，我觉得感恩的心是走上社会的必备品，有了这颗心，失去时不会太失望，得到时也不会得意忘形。我们应该谦虚谨慎，先人后己，人家帮我，永志不忘；我帮人家，莫记心上。

耿老师不光教了我知识，也教了许多人生的道理，加强了我的心理建设，提高了我的思想境界,从他身上我看到了坚强、谦虚、感恩、执着的精神,就像这上海大学校园里迎着冬日寒风盛开的菊花,严守自己的原则,不与群芳争艳夏,偏将傲骨斗秋霜。它刚毅而又坚强,用自己淡淡的芳香浸润着寒冷的空气。不论以后的路是什么样,我都会用我的青春和热情,去坚持、去探索、去磨炼。认真的人改变自己,执着的人改变命运。只要在路上,就没有到不了的地方。我将永远铭记耿老师在大学里给我的谆谆教诲。

◎ 朱婧媛

# 科技的引导
## ——记上海大学计算中心严颖敏老师

作为一名大学生，没有一点计算机技能那是不行的。我因为家里及其他方面的原因，对于计算机方面的知识非常欠缺。我不会计算机的一些基本操作，比如，Word、Excel还有PowerPoint的操作。甚至我连基本的打印都不会。我想让自己学会操作计算机，未必很精通，但是最基本的必须会。

抱着想学的心态，我选修了"从不会到会——计算机操作基础"这门课。它真正让我收获了成果。

严颖敏老师的教学方式并不让我感到沉闷。相反，她让我觉得学习操作计算机并不那么困难。只要认认真真地去学习，就一定能够获得成功。在课堂上，老师认真地教学，我们在下面仔仔细细地听着。遇到不懂的地方时，我们会提出来（通过邮件或者到D319，直接面对面询问老师）。虽然每一节课后，严老师都会布置一些作业，有时候我们会把它当成一种负担。但是，现在想想，严老师每次在布置完作业之后都会再补充一句话，"同学们回去以后要好好练练啊，这样才能够更加熟练"。

像我这样因为家里的原因而没有电脑的同学，严老师建议我们去D315或者D316的机房里操练。机房与答疑地点D319相隔得并不远，更加方便我去问问题。

回想起我第一次上机操作的情景。当时，因为对这门课没有多少了解，也不知道要干什么，我就只能一个劲地问我旁边的同学（那时候我对老师存在着一种惧怕，不敢去问老师）。当时我觉得自己对待这门课太不认真了（为什么别人知道，而我不知道呢）。上传作业的时候，我身边的同学都已经完成了上机操作，就剩下我还在做上机操作，我就有点着急了。我只好把我做好了的上机操作先传到服务器上去。当然，这对于我来说又是一个问题，我只能壮着胆子去问严老师了。

严老师以一种温和的语调回答了我的问题，并且她还实际操作了一遍，让我加深印象。听着严老师温和的语调，我就忍不住把我的情况告诉她，说了我很不懂计算机的操作。在与她交流后，她建议我多到机房里面去练习练习。她说这门课是需要多多练习的，跟其他的课不一样。她还非常贴心地帮我找出机房上机时间及答疑安排表。她也一再询问我的空余时间，生怕我失去了宝贵的答疑时间。就这样，我喜欢上了我的计算机老师——严颖敏。

从那次上机操作之后，我的思想转变了。以前我上课就想坐在后面，老老实实地听着严老师讲课就行了。后来，我就愿意坐在前面，老老实实地听着严老师讲课，这样能听得更加明白，有问题也可以及时提出来。坐在前面的日子，让我能更仔细地听她讲课，与她有了更多的互动。

有一次她生病了，却仍然来上课。我深深地被感动了。整个教室传出她时断时续的咳嗽声，但是她仍旧坚持着上课。当她被咳嗽折磨得万分难受时，她也只是停顿一会儿，然后就继续她的教学，生怕我们的上课时间会有些许的减少。

那些我在机房的日子，更让我感受到了严老师的平易近人。上完其他课后，我都会选择把星期五那一下午的时间花在这门课上。回到寝室，我的室友都会说，这门通识课让你多么忙啊。其实，作业并不多，但是因为我正处于一种慢慢摸索学习的过程中，我还不能较快地熟悉它，所以花费的时间就多一些。在这段时间里，我并不感到孤单，因为还有老师陪我；我也并不感到迷茫，因为我遇到问题还可以向老师请教。

严老师几乎每一次上课都会提到交作业这个问题，因为作业关乎平时成绩，关乎总成绩。严老师说起这个问题时的严厉表情，让我觉得很有趣。

就这样一个学期过去了，我们的期末也来了。期末开考时我很紧张，几乎忘了一些什么步骤可以有什么结果，但是想到严老师那温和的语调，我就镇定了下来。我相信我自己没有辜负严老师的教导。

　　下学期我选择了"计算机网络基础"这门课。至于老师嘛，当然是严老师啦。虽然她的普通话不太标准，但是我还是选择了她。因为她的敬业，因为她的和蔼可亲，因为她的平易近人。

◎ 何　星

## 有趣·价值·给予
### ——记上海大学管理学院刘寅斌老师

10月的上海逐渐入秋,下午的阳光透露出丝丝倦意。然而此刻在教学楼的某处却挤满了上百名学生,思维在这里不断碰撞,火热的氛围盖过了秋季的凉意——这便是"数字城市与智慧化"的课堂。教室的前方有一人衣着亮丽,"发型"更是明亮,他吸引着所有学生的目光,引领思维的源泉奏出美妙的旋律。他就是"数字城市与数字化"的主讲老师刘寅斌,微博上为众人所熟知的@草根堂主人。

"这个很有意思!"

刘老师的课堂100分钟从来不间断,同学们的欢笑声也从头至尾,课程结束爆发出的雷鸣般的掌声总是引来下一班级同学的好奇张望。为何通常困意连连的百人课堂如此吸引人?因为"有趣"。刘老师讲数字城市的智慧化,不大谈空间信息、三维模拟等技术,却说我们都在使用的微信、微博。教室中几乎每一个同学都是各类社会化媒体的受众,但我们从未想过其中的意义与价值。在"数字城市与智慧化"的课堂上,最新的商业案例、网购的背后等等过去我们不曾发现、不曾知道的信息为我们打开了一个崭新的世界,一个点子还来不及细细咀嚼,又一个新的想法迎面而来,作为充满精力和好奇心的年轻人,我们又怎愿错过其中一秒?而指挥着大量信息的刘老师总是"狡黠"地笑着说:"下面这个很有意思!"

"有趣"二字虽简单,其背后却是看待事物的新角度,而正是通过刘老师妙趣横生的话语和独特的视角，我们看到了一个"很有意思"的世界。

### "这块砖是你丢的吗？"

刘老师：如果看到泮池对岸有一个美女，我们该怎么做？

同学齐声：直接从水里冲过去。然后问，同学，这块砖是你丢的吗？！

上面这个对话几乎成了刘老师与同学之间的经典段子。刘老师一直鼓励大家在年轻时要敢于尝试，要主动为自己抓住机会，"你不试，你怎么知道没有机会？你不试，你又怎么可能有机会？！"课堂上，互动环节是个必须节目，也是"数字城市与智慧化"思维碰撞的精髓所在。刘老师讲案例，从来不会单向输入，而是问"如果是你，会怎么做呢？"于是乎，不管是在进行微博营销的@野兽派花店，还是2012年局势险峻的奥巴马竞选团队，你都有机会大胆体验一把。只要你敢说，没有对错，只有更妙！也只有在尝试过后，你才会知道集体的智慧和力量有多么强大，才会发现自己的潜能所在。

### "因为分享，所以快乐。"

刘老师的课中还有一个很重要的要素：分享。分享故事与机遇。

在课上，刘老师常会分享一些有价值的信息，小至推荐一些网站，送出一些书，大至意想不到的机会。某次课前，刘老师说有一个皮尤研究中心报告的翻译项目，需要招募四名同学来翻译。百名同学中我并非高手，却因被唤醒的尝试之心而争取到了第四个名额，并出乎意料地成了翻译项目的组长。事后我才知道，我们要翻译的是皮尤研究中心2012年美国新闻业情况报告，在媒体界颇具影响力，而中国尚未有人完整翻译过报告——这正是我们要做的。如此的机会对于我们实在宝贵，而这便是刘老师分享的"礼物"。

作为社会化媒体的学者和应用者，刘老师更注重线上线下的立体交流。@草根堂主人是他的又一身份，他常将所见所闻第一时间分享于微博，也会将有意思的故事带入课堂，无论在哪儿都是热烈的互动和交流。他曾突发奇想，街拍了"疲惫的中国"系列照片，在微博上一度疯传；他曾因偶然，身着西装革履，在同是充满西装革履的繁华广场成了街头歌手；曾因午后小盹的一个梦即飞故里，追寻幼时沂蒙山三线厂的回忆，并通过微博联系到了更多的人与资源，为沂蒙山的孩子创造了更多的机遇……刘老师分享的是他的故事，让我们看到了如何从尝试走向实现并最终创造，传递的是人生的价值。就如他回答沂蒙山笊篱坪联小的孩子们说："因为分享，我把文具盒分享给大家，所以快乐。"

"Marketing is communication."这句话点出了交流是市场营销的核心，也是数字城市走向智慧化的关键。刘老师将交流的三大要素"有趣""价值"与"给予"带入了课堂，更是将这三点融入了他自身。我们要学的商业模式总是在变化，但从刘老师身上学到的人生哲理却能长久地给予我们启示。刘老师曾在微博中写道："于我而言，真心热爱是教育的关键。我在校园外的所有事情，都是在为上课做准备。大到为各机构提供的方案，小到杂志阅读，趣事轶闻。通常，我上课提前10分钟，课间不休息，下课延迟5分钟，一次课程就多出25分钟。每次下课，全体学生以掌声来结束课程。对于教师而言，还有什么能比过学生的掌声呢？"

能得此师，吾幸也。

◎ 费健舜

# 如菊之师
## ——记上海大学环境与化学工程学院马成瑶老师

"不是花中偏爱菊,此花开尽更无花。"菊,不畏惧寒风刺骨,不争抢暖春娇媚,凌风独立,默默地绽放自己,点缀着肃杀的秋季。即使秋日草木枯黄,我们也依旧能感受到生命的活力,只因菊的存在。

"饮其流者怀其源,学其成时念吾师。"有人说老师是蜡烛,照亮别人而燃烧自己。有人说老师是园丁,培育桃李开遍天涯海角。更有人说老师是这迎寒而开的菊花,在寒风中自强,在静默中奉献,不矫饰,不媚俗,散出淡淡清香,装点清冷世界。是的,即使处于秋季,我们也依旧能感受到前行的动力,只因老师的陪伴。

这是我在大学之中度过的第一个秋天。何其有幸能在上海大学的秋天里,寻着满园菊香,结识如菊师者,携手共同前行。

马成瑶是我在上海大学认识的第一位老师,是我们班的辅导员,也被我们尊敬地称作"马导"。虽会时常叮嘱学习,但她不像高中时期的老师手拿粉笔教授我们学科知识,而是作为人生的引导者,引导我们如何能够拥有一个更精彩的大学生活。从初次迈进这个离家千里的大学校园起,她便一直与我们比肩而行,带领我们熟悉这里的一草一木、学校的教学环境和学习制度。就像是小鸭会把破壳而出时所看见的第一个"人"认作是自己的亲生母亲,在这么多时日的相处中,马导也俨然成了我们心目中的家人。

活动课上的她,与我们无异,蓬蓬的娃娃头搭配上可爱的圆乎乎的娃娃脸很好地掩饰了她的年龄,开朗略带自 high 的性格也助她成功地"混"进了我们的"军队"。别指望在自由活动的时间里能在教室里找着她的身影，欢声不断的中心地带才是你该把眼光投去的地方。

　　菊花不艳俗，从不炫耀自己能傲霜绽放的本领，人们却能从那由内而外散发出的淡淡清香中，感受它高贵的内心，与之共鸣，让自己的品格更加完善。诗人尤其爱菊、赞菊。像这默默伫立在寒风中的菊花，马导不世俗、不夸耀，让我们在异乡的秋季不至于寒冷无措，她在温暖的氛围中潜移默化地给予我们动力。她总是乐于为我们解决生活、学习上的问题，幽默亲和，时常打趣地称自己是"老马"，与导生们无厘头的斗嘴画面也总叫我们啼笑皆非，瞬间让我们忘却她其实也是人文经管大类组长，管理着整个大类。在我们的眼里，她只是乐观、积极处事的可爱"马马"，抑或是无私地为我们操心的年轻"妈妈"。

　　正如上海大学满园的菊花在最需要生命力的季节怒放，马导总在我们最需要陪伴的时候出现。军训时，顶着烈日她陪伴我们操练，休息时与我们一起和教官们打趣，在欢笑中无形地减轻了我们的疲累感。"每逢佳节倍思亲"，中秋、国庆假期加剧了我们这些离家学子的思乡情，但马导送来的月饼和零食却让我们的心紧贴在一起，温暖不言而喻。

　　气质是由内散发出来的，即使马导从不摆出官架子，但犀利而幽默的语气，举手投足的气场也能让我们感觉到什么是精神的牵引力。她传递的是一种正能量，引导着我们积极地面对学习与生活。她鼓励我们把握在台上展示自己的机会，确定自己愿意为之努力的目标。在庆祝人文经管自管会成立的晚会上，马导也说出了对我们的祝愿："希望每日清晨，叫醒自己的不是闹钟，是梦想。"什么才是我们的梦想呢？这句意犹未尽的话，使我们对自己的未来有了更深的思考。

　　创新也是她在无言之中一直灌输给我们的理念。马导每一次对活动课效果的点评、每一次对自管会的指导、每一次对组织集体活动的建议，都激励着我们迸溅出更多的思想火花。一次次的反思让我们明白自己的不足，一次次的修改都出现新的创意，一次次的践行都使我们在自强的道路上前行了一步。"不积跬步，无以至千里。不积小流，无以成江海。"这点点滴滴的累积，有时让我们自己都觉得有什么东西在悄悄地发生着改变。

马导分享她的经验，对工作认真负责，以其举止言行教育着我们。在上海大学度过的第一个秋天里，我也结识了许许多多和马导一样优秀的老师，他们幽默、乐观，关心学生，或文笔奇崛，或独具匠心，抑或严谨治学，又不乏亲切教导。他们风格各异但都如同菊花一般"不畏寒，不争春"，不惧怕解决我们所遇到的困难，不信口夸耀自己取得的累累硕果。

老师们言传身教，引领我们越过秋冬，走向人生的春季，而身为上海大学一分子的我们也正用行动彰显着自强不息。泮池小道上捧一本书细细浏览，图书馆中大家奋笔疾书，自习室里夜夜奋战，上海大学的菊花也浸染着书香。用汗水展现一次次精彩的晚会，上演一场场激动人心的比赛，青春亦在这里飞扬。

上海大学的秋季，菊花遍地，造型各异，愈是寒冷，愈是开得繁盛。走在泮池旁，无论风如何呼啸着催促行人前行，人们都不由自主地为这一簇簇灿然的菊花放慢脚步，欣赏这些花儿们倾尽全力点缀肃杀之秋。时时刻刻沐浴在菊香中，就像老师的激励分分秒秒萦绕在身旁。

亲爱的老师们，正因为有你们的陪伴，在校园里，我已不再迷茫——懂得为自己脑海中的设想而努力，懂得怎样放下一颗浮躁的心。漫步名人路，各色灿烂菊花摆出的不同美景都满含深意，这是你们对我们的希冀与憧憬。图书馆前，小红菊簇拥成红日，白石子铺就一片宁静的水面，菊花色块组成线条型海岸线，水面上泛着一叶小舟。漫漫岁月长河中，有喧嚣也有宁静，但有着如菊之师的陪伴，文化不断地积淀，上海大学也营造出这如诗如歌的意境。

秋季的校园菊花绽放，不显寂寥；秋季的校园拥有如菊之师，更显光彩。从良师，学精技，一路有你，我们终会遇见最好的自己。千言万语汇成一句，老师，谢谢您！

◎ 吴　桐

## 默然守候
### ——记上海大学社区学院汪旭娟老师

秋,了无痕迹。

遥望泮池,粼粼波光依旧,却掩盖不了一股肃杀之气。冬,从来都是这般凌厉,定要给你一个侵入骨髓的寒颤,以宣告它的到来。

上海大学的学子似乎最明了季节的更替,当其他学校的同学还分不清是秋风萧瑟还是冬风凛冽时,我们已背着书包奔入冬季学期。

菊花节尚未落幕,满眼的菊花依旧兴盛。无须特意欣赏,每天穿梭于校园内,只消轻轻一瞥,菊花的傲然风姿便映入眼帘,久久挥之不去。不经意间抬头,绚烂的色彩扑面而来,仿佛将要把你淹没。这微小的震撼足以使人停下脚步,目光牢牢锁定在那些热烈而盛大的怒放上,心中生出热爱,生出欣喜,生出莫名的感动。华美的锦缎铺满道路,给人一种恍若春天的感觉,仿佛只是春寒料峭,仿佛温暖即将来到。

每一天,我都将脑海中的"上海大学菊花图"刷新一次,修正颜色,添补细节,使它愈发立体精致。终于,在秋季学期的最后一天,我手握无形的画笔,却再也找不到落笔之处。或许,这幅画已经完美,可以交稿封存了。

然而,终究是不满意的……

柔弱的阳光被强劲的北风吹得格外渺茫,太阳还在那儿,却好像离我们更远了些,感觉不到一丝暖意。

冬季学期的第一天,世界似乎没有改变,又似乎已经换了一片天地。

再见菊花,颇有点"他乡遇故知"的激动。哑然失笑。风雨无情,唯有与君共勉。

走马观花，只须浏览，不必细看。一来，菊花之姿已刻入脑海，一丝一瓣皆在心中；二来，大处着眼，方见色彩斑斓。明艳的金黄，粉嫩的妃红，热烈的赫赤，淡雅的月白，衬底是低调的鸦青与琥珀……

何来的鸦青与琥珀？我竟无法在脑中搜寻到一个清晰的影像。半是疑惑半是好奇，凑近细看，惊喜交加。

这绵延的色彩来自外围密密匝匝的小菊花。花骨纤细，花瓣娇小，形状也简单，与那些重蕊叠瓣、明丽不可方物的大菊花相比，确实不引人瞩目。然而，这些小菊花拥挤着、开放着，没留下一寸缝隙，成就了一条不可或缺的饱满色带。

惊的，是这么长时间以来，我竟从未注意到这些低调清雅的小花；喜的，是茅塞顿开，终于明白图画的缺憾在何处。

一面将所见速速补入画卷，一面在心中暗暗惭愧：自以为面面俱到，实际却忽略了如此重要的部分。这么多天，小菊花与我日日相见，却只能看到我流连的目光在别处，听到我真诚的赞美给予同胞，小菊花心中不知作何感想。即便如此，它们也没有凋零，而是默默开放，默默组成一抹厚重的色彩，哪怕这色彩成了我眼中最不起眼的底色。

可是没有底色，一切主角都将苍白无力。

时时绽放，默然守候，只为成就你回眸一瞥时的完美。

真诚的希望，除去我——这样一个迟钝的糊涂人，已经有人发现小菊花的美丽，并且不吝啬给予它们本该拥有的赞美。

怀着满心的感慨，世界似乎更加清晰起来。摇曳的枯叶，起伏的水波，七扭八歪的横幅……曾经被遗忘、被忽视的开始重新出现在我的眼前。我也用心观察，不愿再错过分毫。

这一刻，世界仿佛与我心意相通。

步行返回寝室，条件反射般刷卡开门，一如往常。但是这一次，或许也是第一次，我在门口停住，看了看门边层层覆盖的海报。

最上面的一张海报已经有点褪色了，但人物的笑容依然亲切温暖——是优秀辅导员的宣传海报。好像前段时间是有这么件事情来着……我试着回想，却只能打捞到些许隐约的记忆。在我的世界里，时间仿佛是扭曲的，经过我的身旁时流得很慢，在别的地方却迅速消逝。我完全不记得优秀辅导员评选何时开始、何时结束，候选人叫什么名字，就像这张海报，还没来得及看便迅速地褪色了。

如果没有今天这样神奇的契机，那些小菊花是否也会被时间的狂潮卷走，在我发现之前便永远离开我的世界呢？果真如此，该是何等可惜。

一个女孩从我身旁匆匆经过，敲响了一间办公室的门："老师，我来交材料。"

对了，一楼是辅导员办公室，我们的辅导员也在这里。

"汪老师"，这个名字突然蹦进脑海。

如果有人问我，你的老师怎么样，我可能会滔滔不绝：黄薇老师温柔娇小，袁晓君老师体贴入微，宋莹老师雷厉风行，陈秋玲老师热情大方……然而，任凭弱水三千，无一瓢属于吾辅导员。

只是单纯的遗忘，一如那些未曾被注意的小菊花。

或许只有这么一种"老师"，军训的时候守候在身旁，工作日几乎天天见面，遇到麻烦永远在电话的另一端。可是，我们却几乎不会想起他们。

因为他们不是大学生活的主角。

军训的主角是教官，严厉得让你叫苦不迭；课上的主角是讲师，手握绩点的生杀大权；假期的主角当然是自己，时间任意支配。

同时，他们也无处不在。

或许等我们老了，在一个温暖的午后悠闲地致青春。恍惚中我发现，大学生活的每一个片段中都会出现一个身影，不是主角，默然守候，不可或缺。

他们是底色，支撑了我们丰富多彩的校园画卷。

亲爱的汪老师，如果有一天，您收到一束小菊花，请不要奇怪。因为我喜爱它们如同敬爱您。希望它们能转达我的感谢，谢谢我的青春里，有您的默然守候。

◎ 盛泽夏

# 有您陪伴，我们会一路向前
## ——记上海大学材料科学与工程学院祁晶老师

还在高中的时候，就听人说大学完全是自主的，辅导员基本上也就是开学见一次，学期末见一次，不会有老师来管你。当我来到上海大学时，仍在纠结着所谓的辅导员到底会是怎么样的，是真的如传言一样对我们漠不关心，还是像高中老师一样对我们严加管教？我担忧着，也期待着。

报到的第二天，要召开班级见面会，也就要见到传说中的辅导员、导生和同学们，内心亦是激动万分。记得来到见面会的教室时，第一眼并没有认出哪个是辅导员，似乎所有在场的人都是新生，都聚在一块儿闲聊着。直到有人走上台拿起话筒开始介绍才知道，她就是我们的辅导员——祁晶老师。与想象中有很大不同，原以为辅导员应该是男的、刚毕业的大学生，这样似乎才符合电视里看到的样子；而真实情况却是祁晶老师是女性，一个尚在读博士研究生的学生！她也没有对我们表现出一丝爱理不理的样子，倒是以平等尊重的态度对待我们。我当即释怀，其实辅导员挺不错的。

初次见面后，辅导员的那层神秘的面纱揭开了，一切都好相处了。特别是我当上临时召集人，与辅导员的交流也多了。无论是面谈还是电话交流，跟祁老师交流都不会有压力。祁老师总是用一种平等的态度来与你交谈，你可以畅所欲言，把你所想的表达出来，而不用顾忌那么多。祁晶老师，挺像个大姐姐。

然而，在某些方面祁老师却是毫不含糊、对我们严格要求的。比如军训，比如成绩，这些通过努力是可以达到目标的，自然不能让你放松。轻重得当，祁老师把握得挺好。

军训期间，祁老师带的是女生连，但也时不时地来看看我们，让别的班级队友羡慕，让我们感到骄傲。虽然只是来看看，我们却为之感到自信和骄傲。

军训结束后，开始进入正常的学习状态了。祁老师耐心仔细地帮我们解决了选课的问题，并一再叮嘱我们有问题可以找她，不要由于这一时的失误而耽搁整个学期的学习。老师那里也存留了我们的课表，方便我们在忘记课表的时候可以及时通过老师查询到课程，也方便老师及时联系到我们。虽然只是一件小事，却也可以看出祁老师对我们的关心。

之后，与祁老师的联系也多起来，每周也有活动课，我都可以见到祁老师，而不是传说中的整个学期都见不到辅导员。活动课上，祁老师会把近期的一些活动和通知告诉大家，并让大家做好准备。虽然她总说"这次通知之后不再通知"，但仍会在群里又发一遍公告，以防真的还有同学不知道。每次看到祁老师在群里发出公告，想着她刚说过的"不再通知"，总会感到一种温暖，会心一笑。

同时，祁老师也会时不时地关心着我们的学习和生活状态，有时在活动课上，或者在会议上，抑或在路上，她也会了解我们对大学的适应情况、学习状况及遇到的一些问题，然后给出一些建议和经验，并且多次让我们有问题或困惑到她的办公室直接找她交谈，这种关心不言而喻。

祁老师不仅像姐姐一样时刻关心着我们，也会像朋友一样与我们一起玩乐。记得上次的主题团日活动，祁老师并没有做一个主持者或评委，而是参与其中与我们一起活动，为了小组的荣誉而讲故事、抢答题目，为了小组的胜利而与其他小组竞争。最后赢得比赛的时候，她也和我们一起庆祝着小组的胜利。这一刻，我并没有感觉到老师与我们有什么不同，似乎只是我们的伙伴，与我们一起奋斗的小伙伴。

临近考试周的时候，祁老师也开始为我们着急了，一再督促我们放下手边的活动，好好准备考试，并让班委制定了寝室作息安排和学风督导，好好利用在寝室的时间。又怕我们会挂科，帮我们联系各课程的辅导导生或老师，还让我们自己成立互助小组，内部解决一些有问题的学科。对于我们的学习，老师似乎比我们还着急。在老师的帮助和支持下，各个辅导项目都开展了起来。如果这次考试能全过，真的应该感谢祁老师对我们的帮助和支持。

不知不觉间，一个学期就过去了，上海大学似乎是有些"残酷"的，辅导员只能带领我们一年，这也意味着我们的缘分已经走过了三分之一。一年后，我们会进入不同学院，还会遇到新的辅导员、导师，但祁老师却是我们在上海大学的引路人，把在大学门口徘徊的我们拉进学校，熟悉上海大学的制度、生活、学习，为我们今后的专业学习铺好道路。祁老师对我们的帮助，是别人无法替代的。

幸好我们也才走过三分之一，尚有三分之二的时间还可以让我们在有她的陪伴下度过。过去的值得怀念，未来的值得珍惜。相信有祁老师的陪伴，我们会一路向前，欢歌笑语到达下一个起点，展翅翱翔。

作为一位辅导员，她是负责的；作为一位班主任，她是严厉的；作为一位朋友，她是可爱的；而作为一位母亲，她是慈爱的。在此只想对您说一声：祁老师，您辛苦了！谢谢您！

◎ 徐伟臣

## 感谢有她
### ——记上海大学数码艺术学院陈迎艳老师

很难相信,我已经是个大四准毕业生了。我从来没有写过类似的文章,但是想到马上就要离开校园,又想到陈老师为我做的,不管能不能被她看到,我认为我需要写下这样一篇文章来感谢她。

说实话,一开始来学校考试的时候真的以为我会在美丽的校本部学习,所以后来去数码学院报到时,我是真的有点失望,不过这种失望很快便被愉快的大学生活冲散。作为一个在此之前从没出过远门的女生,我觉得自己对学校生活的适应能力真的非常好。我还记得那时我的室友在第一年几乎每一个周末都要回一次家,而我每个礼拜只和父母打一个电话。我的朋友甚至怀疑我小气到舍不得花车费钱,事实也差不多如此,我的家庭条件实在普通,当然了,这都不是重点。

那个时候,我的性格比较内向,朋友也只有同寝室的那几位,在班上作自我介绍时,我的声音都会微微发抖。尽管我很想当班委,却完全没有勇气站出来竞选。写到这里,你一定会认为我准备开始说:从这个时候开始,我的老师就开始帮助我改变性格……如果真是这样,那也太狗血了!事实上,虽然我去办公室能看到陈老师,但是我大一的辅导员并不是她而是李老师。记忆中几乎我每次看到她,她都在和同学谈心。虽然大一年级时,李老师也经常帮助我们。可是那个时候,刚刚成为大学生的我们,问题都还表现得不明显。一直到专业分班之后,我才被分到陈老师所带的班级。因此,在问题频出后,陈老师对我的帮助弥足珍贵。

我的父亲是老师，从小就对我非常严格。或许是受到这种影响，从小学到大学，我只要看到老师就会下意识地紧张。即使我生活上或者学业上出现了问题，我也不会直接去陈老师那里寻求帮助。如果不是那件事，我可能会一直保持这种状态到毕业，或许延续一辈子也说不定。

　　大二的时候，我们可以申请奖学金了。一方面，我由于不太喜欢参加社会活动，所以把学业看作是一种弥补社会能力不足的方式。那时的我认为只要学习成绩足够好，即使社会能力不够也没有多大关系。因此，我急于得到那张能证明我成绩的奖学金证书。另一方面，虽然家庭条件一般，但我又拉不下所谓的面子去申请困难生补助，奖学金能够很大程度地改善我的经济条件。所以当我得知大二的学生可以申请奖学金时，就非常急切了。我每天不停地登录学校网站，隔段时间就去QQ群里询问老师、同学，生怕一不小心就会错过这次机会。可能那个时候，陈老师发现了我的问题，也许更早。有一天，她打电话给我，希望我能去她那里和她聊一聊。于是我怀着一颗忐忑不安的心去了办公室。

　　那天，陈老师和我谈了一些关于我的学习、生活的问题。她说，希望你不要太过于注重成绩，每天不停地读书会很累。她说，适当地参加一些活动会更好，偶尔积极一点也没有关系。她说，我的性格可能过于谨慎，可能过于内向。我很少来她的办公室，也几乎没有几个同学能记住我的名字。整个过程并没有什么惊心动魄，那可能是我第一次认真地和老师谈话。从那个时候开始，我认为我需要试着改变自己。最起码，我希望下次和老师说话的时候声音不要发抖。并不是说陈老师说出的话有如此撼动人心的力量，而是这种真心实意为你好的感觉，除了我的亲人，我没有从其他老师那里得到过。

　　正因如此，暑期中我积极参加社会实践，再小的工作也愿意做。这些实践带给我的，不仅是知识，还有我自身的改变。最明显的改变是那之后我在老师面前偶尔还能开开玩笑！当然，我还是非常注重学业，除了争取拿学业奖学金之外，还会写一些其他的奖学金申请，虽然至今为止那些申请审核都未通过。一开始我的确会有些失望，可是陈老师在我申请失败的时候，想办法安慰我。因为担心我难受，陈老师还会帮我分析失败的原因，告诉我不是因为我不优秀，只是还不够那么优秀。我记得她对我说过这么一句话:"陈老师知道你是个好孩子,成绩也不错,学习认真,只是太内向,有时过于谨慎,只要你稍微改掉一点,就完美了。"那个时候,可能没有人能明白我的感受,从来没有人对我说过这样的话,或许她只是在安慰我,但当听到我在老师心中的评价这么好,我很高兴,因为"完美"向来于我遥不可及。

从那以后,每一次谈话,我都能得到陈老师的肯定。正因为有她的鼓励,我才有勇气不断地从失败中站起来。可能连陈老师自己都会惊讶,我这样一个看起来受不了打击的学生,竟然会越挫越勇。更开心的是,也许正是因为我的坚持,我今年成功申请到了一项非学业奖学金。说实话,真的出乎我的意料。

我叫徐怡然,来自数码艺术学院。我的老师叫陈迎艳。我尊敬她,喜爱她,更感谢她!

老师,感谢有您!

◎ 徐怡然

# 小菊
## ——记上海大学温哥华电影学院李嘉老师

写在前面：广州的市花，木棉花；上海的市花，白玉兰。李嘉，Freya,small chrysanthemum。

胖嘟嘟的我来自距离上海1900多公里的广东，虽然看起来是个十分笨拙的小姑娘，可能在人多热闹的场合里会安静得像朵害羞的小红棉（广州市花），但实际上却是个不折不扣的"麻烦鬼""小捣蛋"。也许我在面对新认识的同学时会突然蹦出一句"你长得好调皮呀"，然后拉着人家在学校各个角落里窜，却又找不到回寝室的方向，最后只好麻烦别人把自己"带"回去；又或者刚从超市里抱回一大包焦糖饼干，满脸笑容，然后很自然地拿出一小块儿喂到小伙伴的嘴里，很正经地冒出一句"你昨天说你要减肥的，所以少吃点"。

当你看到这里的时候，是不是会觉得这些生活中有关于我自己的小片段看似和这次"菊之魅、师之爱"的主题没有什么联系呢，好吧，待我慢慢为你一一道来。

记得刚刚来到上海的时候，我是十分不习惯的。有时候我会问自己："咦，为什么上海的米饭会比家里的大一点点，要是能小一点和家里的差不多就好了，或许会容易消化呢。"遇着小雨的天气，我心里又会想着："为什么上海的雨天跟家乡的不太一样啊，至少家乡下过雨后周围都是清新的气息，在上海下过雨后都是泥土的怪味儿。"路上看见了飘落的枯叶，我心里会难过地想着："要是小树长在家乡就好了，家乡一年四季如春，树上的叶子永远都是那么嫩绿鲜活的。"……与其说是不习惯，倒不如说这只是一个此前从未离开过家而出了远门的姑娘想家了。与无数出门在外想家的人一样，我看见了马路边上由爸爸妈妈牵着小手过马路的小女孩儿，心里会渗出一丝丝苦涩；路过精心布置的奶茶店看到许多人留下的小墙贴时，又会想起旧时在家里一起疯狂、一起哭笑的小伙伴；甚至秋风吹皱了泮池的秋水，我的心里面也是会难受的。

但是，别轻易灰心，因为生活往往会在下一个转角处为我们盛开出美好。记得前段时间被炒得很热的电影《小时代1》中陈学冬曾这么说过："我相信世界上一定会有一个爱你的人，他会穿越这世上汹涌的人群，一一地走过他们，捧着满腔的热和沉甸甸的爱，向你走来。"我觉得这句话说得很对，但是我想稍微改一下："你要相信，这个世界上一定会有那么些爱你的人，他们捧着满腔的热和沉甸甸的爱，只等待你越过汹涌的人群，走到下一个转角。"而我们经管12班的辅导员——"女王大人"嘉姐就是这样一个对我们有着满腔的热和沉甸甸的爱的人。她是一朵小菊，盛开在魔都上海。

她和我们的年纪相差不大，是一个温柔的大姐姐——这是刚到上海大学报到时嘉姐给我的印象。嘉姐的皮肤很白，像牛奶一样的白；嘉姐的头发是长长顺顺的，长到一种境界了，并不是"待我长发及腰，少年你娶我可好"可以比拟的，我们军训时她常常编的麻花辫子最适合她的气质了；而且嘉姐的样子长得好"逗"的呀，笑起来就像我最喜欢的樱桃小丸子一样可爱。虽然生活中嘉姐像是个无忧无虑的小女生一样烂漫，搞起班级活动时就像个爱调皮捣蛋的小破孩儿，但其实我们都知道她对工作的认真努力以及对我们的无私付出。你有没有仔细观察过，悬崖菊的花瓣虽小，却开得很有力，于生命深处渗出一股对生活的爱。

屈指一数，来到上海大学三个月了。还记得我们军训步操训练时，因为突如其来的大雨，我们"被迫"暂停训练到教学楼里面躲雨，虽然那时候我们都在心里偷偷乐着。辅导员和导生们没有雨伞，但是为了帮我们提水壶、拿班牌，他们都走在了大部队的后面。虽然淋着雨，但他们嘴里喊着、心里念着的却是"撑好伞呀，不要感冒了，前面的同学把帽子戴戴好，不要淋湿头发了"。等我们完全"转移"好了,嘉姐又会提醒我们"把帽子拿下来,用纸巾擦擦头发,别着凉了"。因为是女生连,所以教官都适当地放松了一些,但是在烈日底下站上 20 分钟却也是很难熬的。我们在大太阳底下站军姿的时候,嘉姐知道女生怕晒伤皮肤,便亲自为我们涂防晒霜;检查军容军貌的时候,我们每次只要比前一天哪怕进步了一点点,嘉姐都会由衷地为我们开心,为我们的听话和懂事自豪,她自己掏钱买甜甜的葡萄奖励我们,她笑着说"姑娘们好样的"的时候,我会觉得那些小小的进步,如果爸爸妈妈知道了,他们也一定会感到很幸福。

还有一次,由于我们大一的新生都在忙一些社团或者学生会的事情,有几个晚上都睡得很晚,有时候踩着零点的 deadline 赶交策划书、宣传稿,有时候通宵熬夜去开会忙着 PS 海报或者做一些很"渣"的视频。那一天,刚好就碰着嘉姐查寝。因为过了 11 点,所以断了电,寝室里面黑漆漆的。突然门就打开了,结果一个一米八的身影出现在月黑风高的晚上(其实只有一米七吧,大概是当时眼花了),结果显而易见,我们吓了一跳。可那时候嘉姐也没说什么,只说了句"没什么的,乖,我只是来看看你们"就走掉了。在她走后我们说了悄悄话,她居然还站在门外,说"我还没走呢,别说我坏话啊"。

很难说为什么会想要去珍惜或者去爱她,只是嘉姐的好,就像是五月里明媚的阳光,一朵小花开得正好。正如村上春树说的,那是一种小确幸,微小而确实的幸福。

一场冬雨洗刷了秋华,但上海大学的秋菊仍傲放枝头。相比那些色彩浓重艳丽的金菊、红菊,我更喜欢挂在枝头的悬崖菊,不仅仅因为她带有嫁接前小黄菊的淡雅清香,更多的是因为它虽默默开放,但那抹浅黄色却是我冬日里最温暖的遇见。静静地来,静静地走,静静地努力,不喧哗,却是最真实、最温暖的美好。

请容我把这篇文章献给李嘉老师。谢谢您,亲爱的女王大人。谢谢你,我们的大姐姐。

◎ 薛欣茵

## 菊香氤氲，师恩永忆
### ——记上海大学组织处董鹏老师

金秋时节，上海大学校园内再次飘散着菊香与喜悦。我知道：菊花节如约而至！只是今年的我少了去年的激动与浮躁，多了几分平静与感性。在似曾相识的镜头中，朵朵冷艳的菊花依旧毫无保留地绽放着，只是我的脸上多了些许知性与成熟。我想这必须归功于我的班导——董鹏老师，大一的种种经历因有他的陪伴与指导才显得弥足珍贵。如今伫立于娇嫩欲滴的菊花丛中，我万分感谢他为我的人生带来的精彩。

菊花的花语是"清净高洁"，世人常常以菊喻圣贤。"采菊东篱下，悠然见南山"，此等脍炙人口的名句不绝于耳，贤者的圣洁永远是人们理想化的产物，而近在眼前的菊花的高洁却又如此普遍，因而我倾心于向师者赠予菊的雅号。也许老师们的教学水平各有千秋，在我这平凡却刻骨铭心的二十年中拥有着众多优秀的师长以及浓重的师恩，但论最值得追忆的老师，当属每个学习阶段的班主任。而在充满波澜、青春常驻的上海大学校园内，我最爱的无疑是我们那可敬可爱的班导——董鹏老师。

初次步入魂牵梦萦的大学校园，纵使一阵清风、一朵浮云都可以使我的目光暂留。初次与董鹏老师相遇，他那充满知性光芒的光头是我对他的第一印象，毕竟我从未见过某位年轻老师会主动持有这一标新立异的形象，配合他那温暖的笑颜和耐心的指导，甚至令我产生了整个光头都在欢迎我来到上海大学的错觉，不过从那一瞬间起董鹏老师就成为了深受我信赖的良师益友。虽然董鹏老师的专业与我的学科不符，但一旦生活、学业、社团等方面存在疑惑，我都会寻求他的帮助，他也恪守着他的职业准则，耐心细致地为我解惑。

一年前的我在常人看来属于肥胖者，我却不以为意，在军训中全力接受训练指导，以此证明自己。董鹏老师始终观察着我的日常表现，特别是在领取我的体检单后常常劝我休息一下，甚至是以一种不容置疑的口吻。说实话，当时的我很难理解并接受这份好意。虽然休息片刻是舒适的，但相较于其他同学的认真投入，我总有说不出的歉意。在后来的体育课程中我发现自己的体质确实存在一些问题，认识到曾经的愤恨与埋怨无非是小孩子气的撒娇后，我对董老师多了一份敬意，也收获了大学的第一份感动。

尽管我未能获得班委职务，但与董老师的联系未曾中断。申请入党时，他细心讲解申请流程，提供第一手培训与加分信息，作为一名过来人他倾其所有；成绩公布后，他迅疾收集各方资料，作为班导他无疑比身为学生的我们更为喜悦与焦急。我不能绝对地说他是最合格的老师，但在我看来他做了合格老师应做的所有大小事务。

今年元旦我同我的父母拜访了董老师的家，地方不大但井然有序，孩子虽小但聪慧伶俐，一家人和睦祥和，他们的笑颜着实令我惊羡。初为人父的董老师既勤恳工作、以家为重，又不忘身为教师的义务，尽职尽责，是我今后步入社会的良好表率！遗憾的是，在大类分专业后董老师就不再带领我们完成大学四年的征途了，但是他的笑颜、他的勤恳、他的体贴都将在我的生命中画上浓墨重彩的一笔。宛如深秋里的冷艳雏菊，不论寒风萧瑟还是阴雨绵绵，都将绽放魅力，保持高洁的姿态。

菊之韵，师之恩。观菊感恩，是我在这届菊花节上的珍贵体会，菊花的高洁令人联想到师者的诲人不倦，菊花的氤氲香气使人想起曾经的师恩如山。我最爱的董鹏老师，也许我只是你人生中的匆匆过客，也许我无法在你生命中留下印迹，但你已为我的一生驻留了精彩的瞬间，这便足矣。那一瞬间散发的氤氲香气此生难忘，那一瞬间传递的恩情永生追忆！

◎ 赵　敏

## 她让我看到全新的自己
### ——记上海大学实验设备处章玲英老师

作为大一新生,我已在上海大学学习了一个学期。我平时也接触了一些老师,其中我最喜欢和最敬佩的,是社区学院学生事务中心的导师——章玲英老师。

大一刚开学,我参加了社区学院学生事务中心的面试。不知道是面试过程中的哪个方面打动了学长学姐,让我有幸加入了学生事务中心这个大家庭。在和章老师交流的过程中,我不仅对事务中心有了更深的了解,也从另一个角度看到了一个全新的自己。

记得新助理开会那天,听章老师说"基本上在场的所有高级助理都被我批过"时,我当时就想:"完了,以后日子不好过了。要不做完这学期就从事务中心退出吧。"可能有人会嘲笑我就因为老师的一句话而打退堂鼓,我一定很幼稚、很胆小。但是,如果你见过章老师,经历过挨她批的过程,你就一定能够理解我的——章老师就有这么大的气场。当然,现在想来,当时的想法真的很幼稚、很可笑。如果我真的退出事务中心,先不说我会失去和很多优秀的小伙伴合作的机会,最大的损失就是失去了一位良师。

请原谅我没有用多么华丽的、几经雕琢的语言来赞美老师,我说的都是最实在的心里话。

在事务中心的第一次例会上,章老师说了事务中心存在的问题,这让已经值过几天班的我惭愧不已。这些问题虽然看似很小、很平常,但它们确实存在,而我只是看到了(还有一些自己也没发现)却没有深入去想,也没有与章老师交流自己的想法，一起探讨解决问题的办法。让我们在场的每个人跃跃欲试的是章老师说要采用事件负责制，只要你觉得自己有这个能力，就可以针对事务中心存在的某一方面的问题想出解决方案并且施行。这虽然只是一件小事，但是让我有所启发。我在初高中时，一心想做一番轰轰烈烈的大事，想让每个人知道自己，想拥有万丈光芒，想进入学校最有名气的、最优秀的组织并且有所作为，从而让同学们都羡慕，想一马当先充当前锋，想……总之会有很多让人热血沸腾的想法却从未有什么具体的行动，仅仅只是想想而已。但是从这件事以后，我会有意识地去做一些看似平常的小事，会想办法解决一些大家平时不怎么在意却与大家息息相关的问题。我想，这就是事务中心这个组织所具有的精神：务实、踏实、思考、服务，章老师教会了我一种思考方式和关注问题的角度。

在后来的事务中，我被章老师委以重任：负责管理事务中心独特的应急通道——每个辅导员所带班级的联络员。在工作过程中我发现了自己很多缺点，之前我一直自认为自己在办事方面还是挺周全的，可是当问题一次次出现的时候才让我更看清了自己的不足，也有了机会去改正。比如让联络员去确认联系方式一事，足足处理了半个学期。虽然章老师有时候脾气有点儿急，但还是在我出现问题的时候耐心地指出，并且告诉我一些很好的解决办法。那时，我总会在心里暗暗惊讶：原来可以这样做啊，原来自己犯了这么愚蠢的错误啊，原来自己错过了这么好的机会啊。在经历了几次不算太惨的批评之后，我已经慢慢意识到自己在潜意识中有怕麻烦的想法，并且偶尔有投机取巧的嫌疑，这样的错误意识幸好在与章老师的一次次谈话中被及时发现，让我能够从现在开始慢慢改正。是章老师的事业心和责任心帮助了我，这种有益的指导真的让我受益匪浅。有句话说是"读一本好书犹如同一位高尚的人说话"，而与章老师谈话就是"听君一席话，胜读十年书"。

除了在事务中心我们会得到章老师的关注外，章老师在很多方面都体现了十足的人情味。比如为确保考试后能和每个助理单独聊一聊、交流一下，章老师在考试周就开始和我们预约谈话时间了；在飞信上聊天的时候，章老师对我们有足够的尊重和礼貌——这一点很多老师是做不到的；事务繁忙的时候，章老师还会在群里和大家说"近段时间有点忙，真是辛苦大家了"；有一次章老师还怕自己平时太严厉让我们有所误会，所以在凌晨给我们发邮件解释；平时闲暇时间，章老师也会提醒大家注重学习成绩和学好英语……

短短的一个学期，我已经习惯了每天清晨起床后看章老师在凌晨给我发的飞信。她会指出我刚提交的策划有什么不足。看到章老师的飞信上线提醒时，我已经没那么紧张了，我已经感受到在章老师的指导下自己有了很大的进步，虽然现在还达不到章老师心目中完美助理的要求，但以后我会更加努力，在新的学期踏踏实实做好自己负责的工作，继续向章老师学习。

最后，向章老师说一句很普通却最真挚的话："谢谢您！"

◎ 季媛成

# 简爱
## ——记上海大学寝室生活老师

因为爱：
一粒沙可填平江河湖海；
一棵草可斩断日月星辰；
一把火可照亮宇宙洪荒。
　　　　——题记

韩愈曾说："师者，所以传道受业解惑也。"但是有一种老师，虽不传道，也不为你解惑，却能带给你心灵的慰藉，给你关爱，给你温暖。尽管这份爱看起来是那么简单，简单到让你难以察觉，感受不到。但是这一丝丝的爱无时无刻不在温暖着你的心，陪你度过大学伊始最难熬的日子。而给予我们这份简爱的老师恰恰是我们最可亲可敬可爱的寝室生活老师啊！

## 8月15日

这是一个晴天，阳光明媚。怀着三分紧张七分憧憬的心情，我迈入了上海大学，正如同我想象的那般，大学里的人很多很多，校园很大很大。在父母的陪同下，我办理完报到手续，来到了寝室楼前。在这里，我第一次见到了寝室生活老师——尤春兰老师。

刚看见她时，她正在门口的桌子边细心地给新生同学讲保险箱的事。我当时没太在意她，径直往寝室门前走去。见门关着，我便想把门拉开，可是怎么使劲也打不开，也没见门上锁，正暗自疑惑。

这时老师走上前问道："同学，你是哪个寝室的？""2幢4号605室，是这栋楼的。"我回答道。闻言，她便微笑着道："同学是新来的吧，我是这栋楼的生活老师，你先到我这儿签个名登记下吧。"我点了点头，便跟随她到了桌子边签名登记。

"同学，你有没有订购保险箱？是这样的……"见我签完字，她又细心地给我讲起了关于保险箱的事。讲了很长时间，连我自己都感觉有点不耐烦了，可她还是细心地讲着，不打一丝马虎。"同学，你认真听，保险箱的事很重要的。"估计见我有点不耐烦的样子，她提醒道。我只得点了点头，心想：真是啰唆。

好不容易等她讲完了，我想终于可以进寝室了。可是她又跟着我一起走到了门前，我便感觉有点奇怪。"同学，刚才见你使劲拉门，是不是不知道这门怎么开啊？"我又点了点头。我是从乡村来的，没怎么接触过这种刷卡的门，所以才出了这种糗事。

见状她又细心地给我讲解这门该怎么开，卡怎么放才是正确的，我越发觉得她啰唆了。"同学，千万记得出寝室要带学生证，不然可进不了门。还有这学生证很重要的，要保管好，考试什么的都要用到。万一真的丢了进不了门，就打我的电话……"她又啰唆道。

反正我是左耳进右耳出，没当回事。几分钟后她讲完了，我终于进了楼，转身过楼梯时，又看见她在门外给其他新生讲保险箱的事，依旧那么"啰唆"。

## 10月28日

"快点起来收拾，生活老师马上就要来查寝了。"我正在美美地睡着，突然4号床"麻杆子"大叫道。我马上把被子卷了起来，一骨碌地跳下了床，窸窸窣窣地随便穿了件衣服坐在椅子上。今天上午没课，等老师检查完再睡个回笼觉，我心中惬意地想着。

不一会儿，她便拿着扣分簿走进了我们的寝室。"阿姨好！"见她进了寝室，我们四人同时道。她朝我们微微一笑，接着便检查起寝室来了。她仔细地检查了垃圾篓、阳台、窗户等容易被扣分的地方，觉得还行。接着看见了我乱卷的被子，便不悦道："你这个被子是怎么叠的？怎么乱七八糟的？""卷起来不就可以了吗？还要怎样？"我不耐烦道。

"我上次是怎样说的？被子要竖叠三折，横叠四折，叠口朝前，在将被子横向折起来之前，先用手把处于上面的那一面（叠了之后的被子内侧）抓一小道褶子，那样叠了之后的外侧的外形就成了棱角。你看看你的被子，像什么样子？"她有点生气道。

"折被子本来就是女孩子干的事，我们男生折成这样已经不错了。"我反驳道。"你还有理了？同学，我跟你说，男孩子细心点才好，被子好好折，万一下次哪个女生到你寝室玩，看你被子折得这么好，肯定对你印象特别好，说不定还偷偷喜欢上你了呢。"她一改生气的模样轻笑着说道。

闻言，寝室里其他三人都哈哈大笑起来，一脸看我笑话的样子。我只得不语，她便叫我把被子从床上拿了下来，帮我折得整整齐齐。"下次就照这样折。"折完后她还不忘交代一句。我赶忙点了点头，否则她又得说些什么了。

我以为她折完了被子就会走，没想到她却发现我和2号床薛彬没穿袜子，又开口教训道："你们这些外地来的小娃娃怎么都不穿袜子的，不知道地面很冷吗？要知道冷气就是首先从脚跟慢慢地涌到你的身体里，你们这样很容易感冒的。"说完她又指着3号床"小白脸"蒋平脚上的袜子道："你看我们上海本地的学生就明白这个道理，都会穿着袜子，你们也要学学。"

我跟薛彬同时点头说："知道了，下次会穿的。"闻言，她这才一副乐呵呵的样子跑到旁边寝室检查去了。望着折叠得好好的被子，我哪里还有睡回笼觉的心情？

## 11月27日

前天成绩出来了，班上有很多同学的数学"挂科"了。我的成绩也不是太好，平均绩点才3.1，心里有点小失落。今天上午没课，一个人待在寝室里正复习着英语。9点时，她跟往常一样进来查寝了。

她见我一人在寝室里便问起我的成绩来。"数学考得怎么样？多少分？""81

分。"我回答道。她一脸惊讶道："哇，你这么厉害啊。"我只得说："一般般吧。""哪里，你不知道你们班很多同学数学不及格吗？81 分很高了。"她继续夸道，我只得讪讪一笑。

"那你平均绩点多少？"她又问道。"才 3.1。""3.1？那你是哪里考得不好啊？"她轻声问道。"通识课分数太低了。"我失落地回答道。

"哦，这不要紧的，下次努力点就会考得好。数学难，你考得这么好很厉害了。"她安慰道。

我低着头，不知该说些什么。她又跟我说了许多，那些话语如丝丝暖流般缓缓地流进了我的心房，温暖了一片天地。

有些人，无法忘怀；有些事，亦无法忘却。简爱之所以被称为简爱，并不是因为这些爱太过于简单，而是因为这些爱都来自那些简简单单、平平凡凡的小事。虽然是小事中的爱，但却带给我们无尽的温暖。所以简爱是不简的，它那么伟大！

阿姨，不，老师，我谢谢您！

◎ 柴鹏胜

# 我喜爱的老师是这样授课的

# 教学相长，共话成长
## ——记上海大学经济学院尹应凯老师

他年轻的时候，为了上海这座城市发展的需要选择转攻经济学；上海大学年轻的时候，他选择留在这里与上海大学一起努力、共同成长；他的主题讲座，每次都是"人满为患"，举手发言者"争先恐后"，课后探讨问题者常常围得水泄不通；他的专业课，即使偶尔改期，依旧"座无虚席"。无论你何时何地碰见他，都能精准地捕捉他脸上光彩四溢的笑容和灵动的双眼。上课、讲座、会议无论大小，你都能清楚地分辨出"穿正装，打领带，风度翩翩"的就是他。他是谁？正是上海大学经济学院金融系尹应凯老师。

正是他，仅仅用两节主题分享课，就把我一个初来乍到的毛头孩子引入了经济学的殿堂。专业课的教授如何给经济学零基础的新生授课？是定义、公式、例题的填鸭式教育，还是宏观国际形势、国家社会政策的大道理教育，抑或是脚踩西瓜皮滑到哪儿讲哪儿的无主题演讲？都不是。

先不说其授课内容，光就尹应凯老师西装革履地站在讲台上作自我介绍，就足以令我肃然起敬。再看其准备的演讲内容，俨然一位知识渊博、学富五车的智者形象。尹老师以"十全十美的生活与学习"为主题给新生做演讲，看似与经济学毫不相关，实则字字紧扣主题，因为经济学是一门使人幸福的学问。尹老师自创"自强不息情、经世济民心、振兴中华志、给力上大行"，字字都有其独到的见解。所谓"自"，经济学是我们自己。所谓"强"，经济学让国家强盛、个人幸福。所谓"不"，不后悔、不犹豫的成本定律。所谓"息"，实现最优的均衡定律。所谓"情"，道德情操与经济效益同等重要。所谓"经"，用时间换空间的成长定律。所谓"世",世界视角下的一般均衡。所谓"济",互助互利的合作境界。所谓"民",发展的根本目的是为民谋利。所谓"心",效用与心理预期的神奇力量。所谓"振",真诚学习,真诚处世。所谓"兴",兴趣是最好的老师。所谓"中",以学业、以学会为中心。所谓"华",平凡朴实积累成华丽伟大。所谓"志",志存高远。所谓"给",敢于付出,乐于奉献。所谓"力",智慧方法的力量。所谓"上",上下五千年的智慧。所谓"大",大世界,皆学问。所谓"行",读万卷书,行万里路。

生活和学习不可能做到十全十美,正因为如此,人们拥有一颗追求极善的爱美之心。尹老师给出了"十全定律"和"十美定律",用经济学语言解释了"是什么、为什么、怎么做",条条在理,头头是道。作为教授,他总能让教学延伸到专业知识之外,让视线关注到每一个听课学子,让交流抵达彼此信赖的地带,这是美的教育的力量。

他是一位富有人文主义关怀精神的经济学教授,古今中外的名人事例、名言警句信手拈来。他总能引经据典地传道授业,旁征博引地解释经济学原理和生活盲区。听过尹应凯老师的课,印象最深的是不仅有黑板上的知识,还有他字里行间吐露的大学生活美好定律:珍惜大学的"1—2—3—4—5",即"一段宝贵的时光,两份真挚的友谊,三种学习境界的提高,四个学会成长为全面人才,五颗心经世济民",字字呕心沥血。教育美不美?在尹老师口中,教育早已不是一份职业,而是倾尽一生所热爱的事业。它美,因为教书育人、教学相长的乐趣毋庸置疑;它美,因为真心的付出可以给学生幸福,赢得自己的幸福;它美,因为教育工作者是世上除了父母外唯一希望别人超越自己的人,这别人就是学生。他站的三尺讲台就是他的舞台。他认为每一次站上讲台都是一次磨炼自己、提高自己、突破常规的机会。在我眼里,他的每一次传道授业都在给我传递不一样的生活信念。比如,活到老学到老;创新是一种状态、一种习惯,积极向上、努力生活的状态,积极思考、勇为最先、追求极善的习惯;创新应从身边做起,真正做到源于生活、高于生活、用于生活;大度的胸怀成就大写的人,大写的人做大学问;付出是大智慧,奉献是大幸福;等等。

我喜爱的教授是这样上课的:他不"管教"学生,但是会引导学生积极向上,传递教育背后的真善美;他懂得因材施教,在类似持久战的长期教育教学工作中,把每一次授课都看成自我创新,保证对症下药;他不忘初心,坚定师道传承的信念,将自身发展与社会进步结合在一起;他不骄不躁,教学工作的点滴起色,都离不开对课堂的总结和思考,及时改正缺点和不足;他礼貌待人,用平等的眼光看待学生,用敬仰的心态对待课堂,用耐心和爱心等待学生的成长。

真正的教育工作者会播撒爱的教育的种子,终有一天在学生心田里发芽、开花、结果。

◎ 韩晶华

与子同行——倾听学生的声音

## 尊龚者，闻萍香
### ——致上海大学外国语学院龚萍老师

初遇，是在夏末。

走进大学，带着迷茫，想象中的大学老师可能只是在课堂上与你只有一面之缘的启蒙者；或者如风一般，挥一挥衣袖，只留下一片板书和迷茫的我们；又或如心灵导师，在人生迷茫时刻指引你方向与未来……

初见龚老师，她背着一个红色的大包，拿着一本厚厚的《英语演讲与艺术》，架着一台摄影机和三角支架，难以想象一个瘦弱的女子在这之后的九周，竟把一个100人的大班上得如此富有新鲜感和挑战性。十周里，龚萍老师，于我，亦师，亦友！

龚老师独特而又丰富的教学方式使"英语演讲艺术"这门课变得十分充实，令人收获颇丰。在"英语演讲艺术"的课堂上，龚老师使用的是全英文的交流方式，从一开始的不习惯、无法理解，经过龚老师耐心的解释，直到每个人都能领会她的意思。在这过程中，我们的英语听力和口语在不知不觉中有了很大的提高。龚老师不会将教材上的理论知识以一种灌输的方式教授给我们，而是注重将教材与名人演讲视频结合，让我们在聆听名人演讲的过程中感受到英语演讲的魅力所在，让我们了解到演讲不仅是一种读准音、断对句、简单的语言表达，更是一种引起人们共鸣的情感表达。龚老师也会邀请她以前的学生来做英语演讲，用他们的亲身经历来鼓励我们通过持之以恒的学习与练习，提高英语演讲水平。不仅如此，龚老师更注重现场组织演讲的能力。她往往会给大家放一个小视频，让我们在五分钟之内根据英语演讲的逻辑性组织一个一分钟的小演讲，要求我们有足够的专注力与条理性。她会鼓励每一个人主动积极地发言，给每位学生一个锻炼的机会。两个小时的课程因为有了如此丰富多彩的内容而十分有意义。

  与众不同的课程作业，不独断、公平的作业评价方式，更是龚老师课堂的一大亮点。贯穿十节课的小 quiz，注重的是课本理论知识的掌握，而五个演讲，是将我们学到的理论付诸实践的最佳机会。从主题的确立、粗糙的一稿后逐渐掌握演讲稿的脉络，经过反复琢磨和修改，到最终写出自己满意的演讲稿；从不标准的发音和没有语调变化、缺乏情感赋予的演讲，到反复练习后演讲艺术的慢慢进步，从而得到老师的肯定，都让我觉得自己变得更加自信了。这些，是英语演讲之外我所收获的。龚老师对每个人的作业成绩也不局限于自己的单一评价，而是采取小组互评、大班集体评价的方式。公平的评价方式也让我们在这门课的学习上更加踏实，并且充满动力。能得到大家的一致好评，才是对自己努力并且有所提高的最好证明。最令人敬佩的是，龚老师竟一个人改了全班 100 人的期末演讲稿，巨大的工作量可以想象，负责的教学态度着实令我们惊叹。

  正如龚老师所说，课堂上短短 90 分钟对"英语演讲艺术"这门课来说是远远不够的。因此，龚老师每周四的课外辅导便成为一堂更加富有价值的大课。我们往往三四个小组与老师预约好时间，或在办公室，或在教室里，围坐在一起，互相讨论与评价彼此的稿子。龚老师也会仔细阅读每一篇稿子，以她独特的视角提出一些新想法，从专业的角度对演讲稿做一些修改，使我们的稿子更加完美。我们同时也能从修改他人的稿子中发现自己的不足，从而提高自己。我认为，这是一种非常行之有效的学习方法。愉快的氛围往往使我们一坐便是一下午，这一下午也让我们觉得过得特别充实和有收获。

  我对于这门课的喜欢不仅缘于英语演讲艺术的魅力以及对我的帮助，更缘于龚老师独特的人格魅力。在每周四下午的课外辅导之后，我们一些来自不同学院、不同专业的同学，都喜欢与老师分享一些在学习上、生活中的乐趣或者困惑。龚老师时常会聊起她在美国留学的经历，会分享她女儿天马行空的绘画作品，或与音乐学院的同学聊聊小提琴家、钢琴家，与电影学院的同学侃侃导演，最近哪部电影最值得看，或与经管大类的同学聊聊金融现状，推荐几个复旦经济系有名教授的讲座，又或者聊聊我们的规划与未来……渊博的知识面，富有理性与感性的思维，亲和而又幽默的个性，负责尽职的态度，她如同朋友般亲近，令人愉快。我们能从她身上学到很多。

知识与勇气的碰撞，学习与生活的交融！我喜爱的龚老师便是这样上课的。

很庆幸在大学遇见一位亦师亦友的老师。她值得我们尊敬，也教会我们很多。相信她独特的人格魅力也将如花香般飘散各方！

告别，在这个秋季之末，尽管有几分不舍，但它仍然是下一个季节开始的前奏。正如"英语演讲艺术"这门课对我来说，在秋季学期结束了，但它也是我在英语演讲上一个全新的开始。龚萍老师正是我的启蒙老师！

尊龚者，闻萍香！

◎ 盛冬芳

# 如月温婉，如菊芳香
## ——记上海大学理学院黄平亮老师

一年一度的菊花节在上海大学如约而至。

品种繁多、颜色各异的菊花带来了一场视觉盛宴。古代隐士陶渊明独爱菊，爱菊之高洁，与世无争，与当时迷恋牡丹、追求奢靡的世人的心境相比，不知高尚多少。

我也爱菊，爱其君子品格。

来到大学已有三个月了，短暂的秋季学期如白驹过隙，稍纵即逝。我也接触到了许多与高中上课方式截然不同的老师。他们有的讲课如滔滔江水，将一堆陌生的理论灌输到我们脑中；有的讲课喜欢拓展，讲课中涉及许多生活中的实际问题；有的讲课风格活泼，让我们回味无穷。

我最喜欢来自数学系的黄平亮老师。他教授我们核心通识课"数学探索与发现"。他上课风格活泼，解析问题能抓住要点，解题方法灵活。每次上他的课，都是一种享受。

他就如那黄色的菊花，让人感到温暖。

他上的第一节课是分形几何。他首先用几张精美的图片带领我们进入一个充满想象的世界。在一张张美妙的图片里，把每一个细节放大都和整个图形是一样的。这就是自相似性。生活中许多美妙的图案或多或少也蕴含着这样的性质。当我们沉浸在想象中时，他提出了一个让我们大跌眼镜的问题——英国的海岸线有多长。我想这还不简单，量出来不就行了。但是海岸线是弯曲的，与传统的规则图形是不同的。用人的步幅和蚂蚁的步幅来测量的话，结果会有天壤之别。

这就是分形的魅力，黄老师用这看似简单的问题，让我们发现自然界的许多简单问题背后都可能蕴含着未知的数学奥秘。黄老师以此为引子，一步步把我们引入数学的殿堂。

他就如那白色的菊花，让人感受到思维的冷静。

黄老师在讲分形几何时，讲到了一个分形维数的问题，让我们明白维数不是只有一维、二维、三维，维数还有小数。他总能够抓住问题的关键点，然后各个击破，让我们真正感受到数学的思维之美。当我们不太理解的时候，黄老师会用其他几种方法给我们讲解，让我们加深对这些问题的理解。

黄老师的眼睛就像火眼金睛一般，总能够透过现象看到问题的本质。他能做到对症下药，用我们能够理解的方法，将问题解析透彻。跟随着黄老师的思路，我能感受到数学思维的世界是那么的广阔无边，而黄老师澄静如水的气质就是引导我们走向数学巅峰的桥梁。

他就如那红色的菊花，让人感受到似火的热情。

黄老师在课余时间，会认真给课上没有听懂的同学讲解。甚至有的同学拿微积分的题目问他，他也会耐心地解答。在看到同学们豁然开朗的表情时，他会开心地笑起来。

黄老师讲课讲到特别有意思的关键地方时，黄老师总是会兴高采烈地多讲几遍，让我们能够深深地记住一些重要的结论。这也是我们最喜欢的地方。有了这几次的加深记忆，课后就不用艰难地复习了。尤其是考试周的时候，黄老师讲的分形几何与不动点的内容，我都记得比较清楚，根本不需要花费多少时间去复习。

黄老师与众不同的教学方式，让我们能够在较短的时间内接受许多本来难以消化的知识，迅速地提高了我们的学习效率。不同于那种"满堂灌"的教学方式，黄老师的教学方法让我们感受到学习的轻松。所以每次听黄老师的课，同学们的积极性就会特别高，大家都努力将知识变为自己所有。

他就如那月光一般，让人感受到拂面的清醒和舒适。

黄老师更如那寒风中屹立不屈的菊花，将知识化作清香，让我们提神醒目。

也正因如此，我总会在黄老师的课上思绪万千，联想到许多的数学知识，最后将它们全部融会贯通，化为自己的知识。

菊之魅，让人沉醉，流连忘返；而师之爱，如月温婉，如菊芳香。

◎ 莫 韩

与子同行——倾听学生的声音

# 如果你遇见她
## ——记上海大学生命科学学院袁晓君老师

  我想她像是初春校园中最自然也是最清爽的一抹嫩绿，我想她像是盛夏树荫间最闪亮也是最灵动的一团金黄，我想她像是金秋枝头上最飘逸也是最淡泊的一片深褐，我想她像是深冬空气中最纯洁也是最澄澈的一朵雪白。或者用通俗的话来说，她就是那个可以亲切与你相处、认真和你探讨的教授。

  第一节课，你对大学的这门名叫"生命科学导论"的课程尚且不太了解，心中充满担忧，不知课堂气氛会怎么样。走进教室，看见早已站在讲台上迎接第一节课的她，你坐在一个居中的位子，等待铃声。为了新生能够更好地适应课程并且活跃课堂气氛，她对书本中的内容稍换顺序，把生动有趣的话题放在了第一课。"我会尽量把一些比较难理解的地方简化的哦，让你们大家都能够听得懂，不管之前有没有学过生物……"在第一节课她就能给你安慰，也让你相信她，跟着她的节奏进入课堂，并且越来越愿意听她讲课。你听得入迷，不知不觉便下课了，虽然你并没有鼓起勇气跟她说一句再见，但是她却似乎读懂了你羞涩的心思，与你对视、微笑、点头示意。出教室，虽然是一大早的课，你不自觉地微笑起来，大概这就是美好一天的开始。

  此后的课，你也尽量靠前坐，跟着她的思路，积极回答问题，追随她的视线……你发现自己已经不像以前那样害怕与她有眼神接触了，也发现自己并没有争着为了能得到加分而去回答问题，你恍然发现，你好像很喜欢这门课程。

  终于有一天，你鼓起勇气在下课的时候走上讲台，说了脑子里奇特的想法，也问了她上课并没有说过的问题。你担心她会不耐烦，然而在她温柔地说明自己的想法并且解答了你的问题时，你知道自己多虑了。

你不仅爱上这门课程，也更加爱上了在课堂上积极思考，因为这样在下课的时候，你就会有新的问题去问她了。也许是因为你对生物的喜爱，但我想，更多应该是她的热情对你的激励。你与她一起探讨有关脂肪细胞、鸢尾素，还有你看到有关食物脂肪含量与饱腹感的问题。你与她一起思考有关免疫方式以及孕妇的某些反应与免疫的关系。你与她一起讨论长相相似的人与基因序列的关系……也许某些问题她也不是很清楚，你心里有些许失落，但是她的一句"你把邮箱留给我，我回去问一下这方面专业的老师，得到答案以后我尽快发邮件给你，因为我不是很清楚我也不能跟你乱说"。她并没有让你带着失落感离开教室，她用严谨与认真来回应你。

"今天的课可能比较难，专业性的东西有点多，不过我会尽量讲得慢一点，大家记得跟上我的节奏。"听到这里，你决定不论难易你都要好好学，努力跟上不落后。还好，遇上比较难懂的地方，她会很细心、很耐心地用比较形象的比喻来解释。你发现除了你，周围的同学们同样听得认真。

"来，我们来看一段视频……"这也是她常在PPT中设置的趣味。这一段又一段的小视频，让感到有点乏味的你放松了绷紧的神经，又学到了一些生物知识，同时也让你发现，原来生物真的很有趣，原来这个世界是如此的神奇。你一步一步地更加喜爱这门课程。

"今天我们来做一个课堂小测……"这一点似乎也同样激发着你——偶尔的课堂小测。你握着笔，耐心看着PPT上的几个小题，发现自己似乎不用怎么翻阅书籍，或者打开目录就能想起这题在哪里有答案。你想，这大概就是学习的真正意义吧，感兴趣，并且真的愿意去了解。"留这几道题当作业吧……"你也并不拒绝这不过量也不过少的课后小作业，你愿意为此花时间去重回书籍、畅游网络找寻答案，而在下次上课时，她也一定会记得解答这些题目，解开你心中的某些疑惑。

你记得她也点过名，并且请同学转告课程内容，也要提醒没来的同学作业是什么。她温柔地询问同学迟到的原因……如同初春新芽的嫩绿一般温柔，那绿色滋润着你的心底。

　　你记得她细心地解答你的问题，满足你所有的好奇心，绝对不会抹杀你对生物的热情……如同盛夏最温暖也与你最亲近的金黄色阳光，那金色一扫你心中的阴霾。

　　你记得她为了让同学们跟上课程进度，找了各种有关课程内容的小视频，找了很多课程中提到的生物的照片，结合了生活中的许许多多的例子……如同金秋最成熟、最素雅的深褐色的叶片，那深褐色让你感到踏实。

　　你记得她一直坚持研究学术，也深深爱着她所学习的专业，如同深冬最洁净、最单纯的雪花。那雪白是一种坚持，坚持着自己的想法，热爱着自己的工作。

　　也许正是这样的她，这样的一位教师，让你真正地爱上学习，真正地感觉到自己遨游在知识的海洋中。她用她的细心，浇灌你，使你更加茁壮地成长。她用她的温柔，呵护你，让你更加专心地学习。她用她的认真，鞭策你，令你更加努力地提高。她用她的负责，指引你，让你在人生的路上走得更远。

　　也许你也正在感谢着，迷茫的自己能在大学生活中遇上这样一个她，这样一位教师。你渐渐地走上一条愉快的学习之路，似乎在这个花一般的世界中看到一条窄窄的小路。你走在这条路上，欣赏着沿路的风景，也享受着花香的空气。

　　如果你遇见她，你也许会和我一样地喜欢她。

◎ 姚雪澄

# 智慧地球的智慧老师
## ——记上海大学机电工程与自动化学院蓝箭老师

"丁零零零……"铃声响起后,没有繁杂冗长的点名,只见大屏幕上显示出四位数字及"噌噌"上涨的学生数量。没几分钟的时间,不用老师一遍遍喊破嗓子,学生的签到就完成了,没到的学生名字后会打上叉。这,就是我们老师独特的点名方式。他,就是我们"智慧地球与人类生活"课程的蓝箭老师。

我是人文大类的学生,坦白说,当初我选这门通选课,仅仅是觉得相对于其他理工科的课会比较有趣和简单,比较贴近生活。直到上到第九周的课时,我才发现老师对我们影响之深刻,是他教会了我该如何思考。

第一次上课时,蓝老师给我留下的印象就是敢于尝试、非常先进、紧跟潮流。作为一名工科老师,他能够很好地利用网络的便利,利用"课堂派"软件,完成一系列烦琐的工作,如点名、发布作业、查看资料和公告,等等。如果遇到无法解决的问题,我们还能与共同参加的同学一起讨论,或给老师发私信。我们不仅能方便地交作业,老师也能方便地批作业。蓝老师非常负责,无论是工作日还是休息日,我把上课的感想发给他后,他一两天内就会回复,而且回复得很认真,会给我的作业打上批注,也指出我的回答存在的缺陷。

虽然是一门理工课,但是我认为蓝老师给我最深刻的印象是他对自然环境和人文精神很重视。只有重视了环境的保护和人文精神的培养,智慧的科技才会使人类生活更美好。例如,蓝老师给我们观看了一个视频《大自然在说话》,介绍了大自然与人类的关系,大自然告诉人类:大自然不需要人类,而人类需要大自然。这种语气像是悲哀地诉说,更像是大自然对人类的警告——失去大自然，人类会一无所有。蓝老师呼吁我们重视自然，不要让工业文明发展的产物造成环境的破坏，这在工科老师中是很少见的。这让我想起美国作家梭罗的《瓦尔登湖》，他两年中远离尘嚣，想在安谧的自然中寻找一种本真的生存状态，寻求一种更诗意的生活。在现代化的进程中，工业化的产物成为自然的最大天敌之一，隆隆的飞机声打破了小岛的安宁。人们为了生活的便利和舒适，创造出的产物非但没有必要，而且对人类进步大有妨碍。

蓝老师非常平易近人，他的授课方式很容易使我们接受，他总以讲故事的方式循循善诱，告诉我们人生的哲理。当我们讨论"智慧和聪明"的区别时，蓝老师给我们讲述了一个留学生的故事。那位留学生用精妙的数学公式计算出逃地铁票被抓的概率微乎其微，于是他屡屡得逞，而在他找工作时，这个学业优秀的男生因为有过不良品行记录被所有的英国公司拒绝。故事虽然简单，但却深刻，"聪明"的人可能一时会得到好处，但总有一天会聪明反被聪明误。老师的话让我反思了自己，其实人都会如此，我有时也会做出一些"聪明"的举动，应该要及时醒悟过来，加以改正。感谢蓝老师用这种容易接受的方式给我们上了一堂人生哲理课，指引我们向正确的方向前进。

蓝老师上课的内容和我们的生活息息相关。每次蓝老师上课时，他对于世界各地情况的描述总是非常吸引我。我没有去过国外，但听着蓝老师的描述我总是心生向往。他不是崇洋媚外，相反正是因为他有一颗爱国的心，有祖国的保护，他才敢于去国外闯荡，才会想去各个国家了解和学习。蓝老师告诉我们若成长中没有经历过挫折，那么即使现在的生活一帆风顺，将来一旦碰到挫折就很容易立马崩溃。

值得一提的是，我非常喜欢蓝老师上课时给我们看的一些视频，特别是对未来生活的想象，例如不用换衣服的虚拟试衣间，未来家庭智能生活，等等。这些视频让我们憧憬未来的美好，蓝老师是一个热爱生活、对未来充满希望的老师，他在用自己的智慧描绘出未来生活的蓝图。

蓝老师一直教导我们大学生应该关注时事，放眼世界，站在地球上看地球。例如，当讲到大数据时，他会举一些发生在我们学校的例子。蓝老师教导我们一定要学会多看、多听、多思，才有可能拥有自己独特的观点和见解，才有可能谈创新。智慧城市的实现才不会那么遥远。蓝老师一直鼓励我们要积极地参加创新大赛,这是对我们思维的拓展,只有多思考才能使这个地球更智慧。

在这十堂课中,我逐渐对"智慧地球"有了一定的了解,虽然还不深刻,但是我抓住了课程的核心内容"先进的科学技术是发展方向,保护自然是内涵,人文精神是核心"。

短短两个月中,我深刻地感受到了蓝老师的人格魅力,他的认真负责,他新颖的授课方式,他贴近生活的授课内容,他对生活与国家的热爱……

总之,我喜欢的教授就是这样上课的,他用自己的人格魅力吸引学生,不仅能将知识传授给我们,他更能给予我们人生方向上的指引。

◎ 张书琪

## 彼岸提灯照我前行
### ——记上海大学发展规划处陈秋玲老师

> 我愿追随光的脚步，顺着心中的渴望走向前去，而你在彼岸点亮的灯火，就是我道路方向所指——指引我走上一条破开迷雾的正确道路。
>
> ——题记

### 虽初见·燕过留涟漪

"你也来了啊？我还以为只有我一个人呢。"

"是啊，临时拉我过来，我就来了啊，反正也没事，多听一点讲座总不坏吧。"

"我也是这么想的，只是没想到会有这么多人。"

稍稍停顿了一下，我不由又补充了一句。

"来晚了恐怕连位子都没有了。"

一边说着，我一边扫视着整个大厅，看着越来越多的人从门口进来，感叹的同时心里也不由得嘀咕了一句：

"看来和院长扯上关系的讲座都比较受欢迎啊。"

我抬头看着投影仪照出的那几个大字——"院长有约"。

闲谈中，主讲人陆续到场，等待大部分同学都到了以后，讲座也就正式开始了。

那是一场很精彩的讲座，无论是老师的演讲还是育成计划代表和学姐的演讲，甚至是现场同学接连不断的提问，无论从哪个方面而言，都可圈可点。所以，当我在整理从讲座中收获的东西时，也就不由得留意了一下几位主讲人和学姐的名字。

我以为，一场讲座，就像飞过湖面的燕，留下了涟漪，但最终还是要散去的，除了学到了一些知识，也就仅仅让我知道有一位老师名叫陈秋玲。

过了没多久，在一次礼仪培训课上我再一次遇见了她，才知道她是社区学院副院长。如果没有后来发生的一切，大概"故事情节"就真的会像这样发展下去。

那我，也就会在大一这样一个转变学习方法的重要时刻，错过了一位尽职尽责的领路人。

## 为师生·彼岸点明灯

"城市及其功能"是周四的课，第一周的课因假期被取消，直到第二周周三晚上，我在看课表时，才知道原来我选报的新生研讨课的老师，就是陈秋玲。

总有人在说，老师的作用不在于灌输知识，而在于教授学习的方法，我也一直渴望着，能有这样一位老师，给我指明一条学习的道路，让我自己去摸索、去探寻，而不是替我斩去道路上的荆棘，铺平道路上的坎坷，让我轻松前行。

陈老师上课的方式很特殊，特殊到让我几乎一下子没能适应过来——在她的自我介绍之后，她竟然就把时间留给了我们。

"我们这门课是一门新生研讨课，研讨课就是需要大家来探讨的，我只是起引导作用而已。所以，我不会直接给你们上课，我只会解决你们的问题，你们问什么，我就答什么，你们的目的就是把我难倒。"

不管我们是怎样一副诧异的表情，她稍作停顿后又说：

"你们已经分好组了，现在你们每组至少向我提出一个和我们课题有关的问题，我在解答的过程中也会穿插一些专业知识的讲解，现在给你们5分钟时间讨论一下。"

那是一个巨大的突破，至少对我来说如此。

尽管有太多学生一直宣称自己需要一位能够引导自己的老师，但是真正遇见了这样的老师的时候，对于早已习惯鸽笼中生活的学生而言，却是难以适应以至于感到迷茫的。

所以在老师刚说完这番话的时候,座位间传出轻轻的质疑声。而一段时间之后,我们又集体陷入了沉默,不知是尴尬,还是迷茫。

老师只是面带微笑看着我们,然后一边鼓励我们,一边提醒着剩余的时间。

毕竟我们是第一组,也将是最先发言的,所以我还是打破了沉默,选择了尝试。

如果说解决问题是一种能力,那么发现问题无疑更是一种能力。

第一次主动去寻找问题无疑是困难的,所以我仅仅是开了个头,就不知道该如何说下去了。但小组里很快就有人接过了我的话,对于问题的探寻就扩大到了整个小组。

我能感受到老师欣慰的眼神,这大概也是她希望看到的。

那一天,我印象最深刻的是,作为第一组的我们仅仅给老师提出了两个问题,而老师却在回答过程中,一边讲解,一边提问,在回答结束之后,我看了看自己记在纸上的、需要我们去解答的问题,足有十一个。

课程就是在这样的提问和解答中结束的。

"下一节课,我们上课的内容就是前两组同学向大家展示你们对于自己提出的问题的解答,可以使用PPT。"

"不是吧!老师你这是让我们自己坑自己啊!"

我们"哀嚎"着,却无法掩饰嘴角上扬的弧度,还有那跃跃欲试的内心。

## 暂别离·灯火照前行

只剩下三周的课程,除去第一周,另外两周课在五组同学的发言中结束。

我记得老师在课堂上创建微信群的时候,一边感慨着这真是一个便利的时代,一边鼓励着大家多在线上发言,说线上讨论也会加分。

也记得老师在微信群中问我们空闲时间,说愿意为我们补课,她一边发微笑的表情一边鼓励大家去办公室找她,说补课也会加分。

然而后来我们一部分同学到老师办公室探讨问题时,老师面带微笑,开玩笑地说:"也只有在学校里才会这样啊,老师给你补课不收费还给奖励。"

那一刻，原本还在发表意见的我忽然就愣住了。

心里恍惚间滑过一股暖流，清新的，像是菊香悠然的秋，却又如寒冬里点亮的灯火般温暖。

那个曾经在"院长有约"上偶遇的陈秋玲老师的形象还历历在目，如今却被另一个面带微笑、领我前行的陈老师替代了。

她站在河流的彼岸，在迷雾中点起一盏灯火，照亮了前行的道路，鼓舞我自己走向前去。

◎ 孔令达

与子同行——倾听学生的声音

# 一位青年般的老教授
## ——记上海大学文学院刘长林老师

最初是对于新文化运动颇有兴趣，所以选择了"《新青年》与新文化运动"这门课，也就是刘长林先生的课程。也曾在上课之前畅想过多次，这位历史学教授会是一位怎样的人物，他又会如何来述说这段历史。怀揣着这些问题，我走进了他的课堂。

第一堂课，我早早地去了教室并选择了第一排的位子。方才知道这是一位资深的先生。他上身穿浅色衬衣，下身着深色西裤，显得极有精神。他早到十多分钟，提早准备课件和其他参考资料，并播放一个与主题相关的视频，这也是他课堂的惯例。用一个视频引出主题，既吸引了同学们的注意力，也使得原本刻板的历史变得鲜活而有趣味，不失为一种较好的教学方式。

视频过后，刘先生便开始讲课了，他总是在给出鲜明的主题之后，不忘就此主题给出他所推荐阅读的书目或作品名，提出一些线索似的观点并希望我们研读资料从而发现问题。他说："陈独秀一生是个'问题中人'，我说，诸位啊，也要做个'问题中人'，要有问题问，在学习的过程中，没问题问才是最大的问题。"这使我想起胡适的"少谈主义，多谈问题"，"做学问，要在不疑处生疑"的话。刘先生专攻近代史，尤其是新文化运动和近代的自杀现象研究。先生也和我们分享了善于发现问题的收获，他说他对自杀现象的研究是出于偶然，他在研读史料的过程中关注到一些有关自杀的报道，由此心生疑问。在当时的社会背景下，有多少人自杀？出于什么样的原因，他们选择了自杀？带着这些疑问，刘先生又翻阅了大量的历史文献，在昔日的各种报刊中查找搜集他需要的信息。这也就成为他研究近代自杀问题的开端。通过刘先生与他的课堂，我第一次深刻地意识到，能提出问题是多么重要。好奇心与批判思维对我们至关重要。

然而，令人敬佩的不仅限于刘先生的资历深厚，还有他独特的授课方式。先生是作历史研究的，但他的作风使我想起"严肃活泼"这几个字。刘先生的严肃体现在他对学术的严谨态度和对同学们的严格要求上，刘先生在平时查作业和提问时都有详细的记录，并依据规则给出合理的评价，这是他的公平公正和对同学们的认真负责。同时，作为博士生导师，他向跟随他作自杀研究的学生提出要求，要求他们向他保证不能选择轻生。刘先生说，自杀研究的意义就在于搞懂自杀是怎么一回事，并试图对社会中的自杀行为采取干预措施，从而挽救一些生命。这使我们认识到学者的社会责任。这些，都是刘先生"严肃"的一面。

至于"活泼"，绝大多数听过他的课的同学都会觉得刘先生的课堂是活泼生动的。刘先生的课件做得翔实，内容丰富，但他授课完全没有照本宣科，更多的是临场发挥。历史的过往由来，他必定讲述清楚，旁征博引，引经据典，讲至激动处更是眉飞色舞，手舞足蹈，试图表现历史环境与人物的内心，从而成了一段历史演义。他滔滔不绝而又精辟深入的讲述，总能引人入胜，有时还能使同学们开怀大笑。这场景，不禁令我们联想起京津茶馆里的说书先生，同时也更容易在刘先生身上看到那令我们仰慕向往的魏晋风度。若是在紧要处忽然来了下课铃声，虽说刘先生也有不能说尽的遗憾，但他仍是颔首，笑着收束，道："欲知后事如何，请听下回分解。"每当此时，同学们也必是报以热烈的掌声。

还记得刘先生在第一堂课上对我们的期许，他希望我们能通过这门课的学习，认识新文化运动时期的新青年是什么样的，并希望我们能成为当代的新青年。是的，他最希望我们成为这个时代的新青年，传承先贤的智慧与精神。于是，他所布置的作业围绕此目的也变得很有新意。作业内容就是抄写《新青年》原文，阅读相关材料和提出问题，并在期末参加演讲与讨论。

或许是研究新文化运动对刘先生的影响，使那一份他所想传播的青年精神也融入了他的精神。刘先生虽不年轻，但在他的身影中，我们能看到一种青年的热忱与执着。刘先生像一个青年，站到我们中间上一堂活泼生动的课。同时，他身上更是不乏青年人的朝气与乐观，仿佛有着用不尽的活力。在大约第六周的时候，刘先生患了面瘫，课堂上少了些许的生动活泼，但很感动于刘先生的坚持与认真，他那时连文字都看不了，甚至是把研究生带来做助手检查作业的。在这样的情形下，他仍然将上课坚持下去，他和我们说明情况，并调侃自己的病情。我想，"谈笑风生"大抵是那时先生的模样。令我难以忘记的或许是那堂课后同学们久久不肯停歇的掌声。

一度认为，为人师，不仅仅是"传其道，解其惑"，不仅仅是"授之书而习其句读"，相比"授之以鱼"，更应"授之以渔"，这是学习知识方面。同时，能把自身的那份热爱知识、追求真理的精神传递给学生，通过自己正面的影响为学生树立榜样，为学生指明前进的方向，给予学生毅然前行的力量，这些都是我心中对好老师的标准。而刘长林老师，正是做到这些的一位好老师。感谢老师！祝愿老师身体康健！

◎ 邵　骞

# 你看金菊灿烂，而我幸与你相见
## ——记上海大学理学院何龙敏老师

有幸，让我成为您的学生。

犹记得第一次见您时的情景，您风风火火地进了教室，二话不说就在黑板上画了一堆莫名其妙的符号（当然，后来证明那都是您为了节省时间而自创的各种符号）。上课铃一响，您便直入主题，语速飞快，板书龙飞凤舞。没有自我介绍，没有一段作为缓冲的开场白，您就直接将我从暑假的安逸中拽到了变幻莫测的数学王国。您会偶尔跑题，却在少有的跑题时刻意味深长地告诉我们，第一学期的挂科率为百分之四十多，您说，数学学习必须做到课内课外 1:5，您说，必须要有大量的练习才能出分数。那一次，我着实被吓到了。是的，在我大学生涯的第一堂课上，我被您吓得不轻。亲爱的何龙敏老师，您说，这可如何是好？多听了几次课，我便逐渐缓过神来，竟渐渐地，被您的魅力所折服。

您讲课很有条理，每学一个新的章节都会先列好提纲，分析重点、难点，然后再逐一讲解。我佩服您做事的条理性。虽然课时间隔较长，您却每次都能在开课时气定神闲地说，上次由于时间紧迫我们有一个例题没有讲完，这次继续。您总是变换着手中的 A4 纸，有条不紊地授课。这大概应归功于您良好的笔记习惯吧！您一直强调笔记的重要性，甚至开玩笑地说鲁迅就是因为不会记笔记才弃医从文的。说来惭愧，作为您的学生，我竟至今未能习得此技能。惭愧，惭愧。

是从什么时候起，开始怀疑您的身份。您是物理学家？文学家？还是历史学家？您知道的如此之多，各类素材信手拈来。您总能在某个不经意的瞬间蹦出那么一两个偏离课堂的知识，实在让人大开眼界。还记得您跟我们争论"板凳甘坐十年冷，文章不写半句空"是谁说的，我们猜测了半天，您只高深莫测地笑，最后来了一句："我说的。"当我们还在因您的这句话而愣怔时，您早已火速回归教学中。是啊！您必须赶得飞快啊！您想要教给我们的东西那么多，而时间，却又那么紧。不知是几日后您又提到了这件事，我们措手不及，依旧没个定论。我记得您说："第一次不知道没关系，第二次还不知道就有问题了。"虽只是轻轻的话语，却如惊雷在我的心中炸响。师之教诲，定当终生铭记。

最喜欢的，是您的习题课。您总是不辞辛苦地花费大量的时间给我们讲解习题，其间不无自豪地来上一句："这道题我贡献给了学校题库。"您对于习题的讲解细致而思路清晰，总能让我在迷茫中恍然大悟、茅塞顿开。您写板书喜欢用自己的符号，方便是方便了很多，却也让我们郁闷了很久，稍有不慎便可能不知道您写的是什么。所以，我们还是好好听课吧。

因为您坚持掌握知识是最重要的，所以不无意外的，临近期中考试时我们班的课程落下了一截。您半开玩笑地说让我们放心，您说考试时您肯定讲不到规定的地方，所以还是要靠自学。事实是，我们着实不放心，提心吊胆地自学了一点，小心翼翼地备考，最终却发现您还是努力地赶上了进度，不早不晚，恰到好处。其实您说得很对，基础不打好，后面学得再快也没有用。您花费了大量的工夫为我们筑基，没有盲目跟风，没有循规蹈矩。您是如此特立独行，又如此让人爱戴。

细细想来，在您的课上，我学得最多的不是知识，您教给我的，又何止书上那些生硬呆板的公式？我是怎样逐渐跟上了您的快节奏，怎样学会让自己快速思考，怎样逼迫自己，少些贪玩的念头，多些学习的时间，我已忘记。但其实很多时候我都会想起刚上课的那段时间的无助与彷徨，感到自己那般渺小，如此不堪一击。我觉得，在我面前的，不是路，是海，是一望无际、浩瀚无边的知识海洋，而我长久伫立沙滩，不知如何到达彼岸。

我记得您说："我们之间的智商有差距吗？当然有，有多少？无穷小。"您说这话时眼里带笑，表情是一如既往的傲娇。所以在您说完这句话时我便在心中告诉自己:"天道酬勤,不可轻言放弃。"

您一定不知道我有多爱您洒脱的身影。您健步如飞,一个转身,华丽自信。虽然,岁月不饶人,您的脸上有道道皱纹,可是,您那长挂脸上的招牌式的自信笑容,您挺拔矫健的身姿,您活跃敏捷的思维,无不彰显着年轻。

在这个温暖的午后,我回想起这些点滴,阳光透过窗洒在桌上,我的脑海中全是您的笑靥,我的唇角也不由自主地上扬。

我有太多太多的话想要对您说,怎奈才疏学浅竟词穷于此。原谅我稚嫩的笔杆道不尽我对您的爱戴与尊敬。千言万语让我凝聚于此:能成为您的学生,我是何其有幸。何老师,谢谢您!

◎ 余苗苗

与子同行——倾听学生的声音

# 一朵美丽的百合
## ——记上海大学数码艺术学院宋瑜老师

她,每每都化着淡淡的妆容微笑着走进教室,姣好的面庞永远是一道亮丽的风景;她,踩着细细的高跟鞋优雅地走上讲台,我们的目光也随之聚焦;她,清晰甜美的嗓音总能将我们吸引……这就是我最喜爱的老师——"品牌与传播智慧"课程主讲老师宋瑜。

第一次上课,宋老师一走进教师,我就惊叹于老师的优雅气质。经过一学期的学习后,宋老师的教学风格、教学内容更让我深深地喜欢上了这门课,也喜欢上了这位老师。"品牌与传播智慧"是一门广告学的课程,旨在通过一个个广告案例、文案,让我们了解每一个广告创作背后的思考与探索,体会到每一个品牌背后所蕴含的故事,进而掌握一些关于广告以及品牌营销方面的知识与技能。每次上课宋老师总是会先通过一些制作精美的幻灯片来向我们展示品牌背后的故事,其次是播放与之相关的简短而又生动的小视频,不仅使我们集中了注意力,而且使我们对该品牌的认识更加深入具体、印象深刻。我印象最深的是在一节课上,我们探讨了香奈儿这个全球顶级奢侈品品牌背后的故事,其中不得不说的便是香奈儿女士本人的传奇一生。宋老师面带微笑,将香奈儿的人生经历娓娓道来,不时穿插了一些夸张与惊叹的表情,使我们身临其境,感慨香奈儿女士的独特魅力,体会到了这个全球顶级品牌的深厚文化内涵。当时的情景令我至今都难以忘怀。这种讲故事一般的授课方式,使我对每一个案例都印象深刻,并且是在一个轻松愉悦的氛围中,摆脱了传统的枯燥乏味,这样的课又有谁不喜欢呢?

说起老师的上课方式，还一个独特之处不得不提，那就是新颖的点名方式。传统的点名无非是老师将每一个同学的名字点出来，被点到的同学喊一声"到"，而宋老师用了一种有趣的电脑点名方法：大屏幕上跳动着每个同学的名字，鼠标点击时光标停顿，哪个同学的名字出现在屏幕上就说明被点到了。这种随机点名的方式十分新奇，既节省了时间，也增添了趣味性，不得不赞一个。

宋老师曾经在电视台工作，还做过电台DJ等工作，这些丰富的人生经历无疑为她的讲课增添了色彩。当我们在课堂上讨论有关于广告创意方面的话题时，老师会选择一些电视上大家耳熟能详的广告作为案例，例如农夫山泉、德芙巧克力、乐事等，这些贴近我们日常生活的案例使我们愿意去听。让我们羡慕的是，很多广告的创意者是老师的朋友，因而我们也有了别人享受不到的机会来倾听老师讲述这些广告创意者最初的想法、灵感，以及广告创作背后我们无法看见、听见的故事。宋老师将这些幕后故事生动有趣地呈现在我们面前，也引发了我们更多的思考：这些表面上光鲜亮丽的成果背后，是创意者日日夜夜的思索，每一次成功展现的背后都是常人无法想象的艰辛，包括花费巨大的人力、物力、财力……

每次选课时，很多同学都会四处询问：这个老师怎么样，那个老师上课好不好？我想，作为学生，我们无非是希望老师上课生动有趣，课堂气氛轻松活跃，在学到知识的同时能提高其他素质技能，而宋老师的课正符合了我心目中的这些标准。

每次下课，当老师温柔地说出"今天的课就上到这儿了"，随即便是雷鸣般的掌声，从开学到现在，我没有落下一节课。这就是事实，课程超赞，老师更赞！

这就是我喜欢上的课程和我喜欢的老师，有精美的幻灯片陪伴，有吸引眼球的视频相约，有温柔的老师生动地授课，我还能奢求什么呢？只可惜我无法再上这门课了，不过相比于不能选上这门课的同学，一切足矣！

如果要用一种花来比喻我喜爱的宋老师，那就是一朵美丽的百合，集众多优点于一身。每一次上课，都会带给我快乐。生动有趣的课程内容，幽默风趣的授课方式，这一切都深深吸引了我，带给我美好的回忆。

◎ 章佳瑶

与子同行——倾听学生的声音

# 追逐历史真相的人
## ——记上海大学文学院历史系徐有威教授

每逢选课我都十分纠结和彷徨,选一门有意思的通识课还真不容易。秋季学期选课伊始,我第一眼看到"20世纪中国特工史"这个课程名的时候,眼前一亮:特工是个多么神秘的存在啊!我想这门课一定很有趣吧。也是因为对国内外特工的那一份好奇心,让我结识了历史系的博导徐有威教授。

### 亲近随和的师者

那是一个大教室,120多名学生和老师都是陌生的。我以前上课的老师一般会直接切入主题,但是这位老师却与众不同。他首先叫我们打开手机,我不解拿手机干吗?然后他在黑板上写了一串数字,并告诉我们这是微信面对面群聊的号,让我们都加进聊天群里去。我平时不玩微信,但在好奇心的驱使下我也加入群。当我打开聊天界面的时候,群里的同学已经聊开了,纷纷介绍自己看过的关于中外特工的书籍;而老师也加入了群聊,给我们推荐了很多优秀的书籍和电影,以及他研究特工的时候,去各地收集资料的趣事;他在澎湃论坛里开了一个专栏,有时候也会把他最新的文章链接发给我们。通过这个群,即使不是上课时间,我们也可以零距离地和老师交流,和同学交换心得体会,而老师也会第一时间回复,再也不用因为找不到老师而苦恼了。有时候我们还可以通过这个群跟老师请假:有一次我要参加一场很重要的竞赛,但是无法当面跟老师请假,于是就把情况发到群里,没想到老师竟然批准了,还鼓励我要好好考试。几乎每一个同学都很喜欢这位知识渊博、说话风趣的老师。有一次,一个同学把招聘广告发到了群里，老师看到了并没有用很苛责的语气批评他，相反，只是说了句"如果你认为是招聘特工的话，可以发在群里"。老师用幽默风趣的口吻间接地暗示他不要发与上课无关的内容，既避免了那个同学的尴尬，也展现了老师宽广的胸襟。那个同学看到后非常诚恳地道了歉，而群里的其他同学也将老师的话牢记在心里了。这么一位和蔼可亲的老师，得到了我们全班同学的尊敬。教师节那天凌晨就有同学送上了节日的祝福，我也迫不及待地将祝福送给了老师，而其他的同学也争先恐后地送上了诚挚的祝愿，最后老师在群里向我们表达了谢意。

## 创新的教学

老师授课的时候并不是单一乏味地讲解教材，而是会给我们讲很多他之前经历过的真实的小故事。比如说：他会给我们看抗战时期特工们留下的手稿，给我们分析接头暗号的含义和精妙之处；有时候则是与我们分享他去台湾参加研讨会时，怎么耍嘴皮子，想方设法地看到了仍未公开的军统的珍贵资料。我们全神贯注地听着，神经绷紧了，随着老师抑扬顿挫的诉说，心情也随之起伏。有时会为了一个记者的牺牲而悲伤，有时也会对坏人感到愤怒，还有时到了高潮处老师总会说"请听下回分解"，我们总会撒娇着求老师剧透一下。这门课是三个学分，就意味着要连上三堂课。因此老师怕我们太疲倦，就给我们准备了精彩的电影和纪录片。给我印象最深的是看纪录片《江山帮的崛起和覆灭》，我们边看纪录片，边将自己的见解发在了群里，就好像弹幕和豆瓣评论的结合体；老师也会在纪录片播放中间按暂停，补充一些当时的历史背景。通过讨论群，一些看不懂的地方和线索也会渐渐明朗起来。有时候我们还会在群里互相争论，各持己见的时候就把老师搬出来，让他评评理。每当这个时候，老师就会把辩论搬上课堂，我们各抒己见，而老师则是默默地倾听，并不打扰我们，只是在最后评论我们的见解以及说明他自己的看法。

## 严谨认真的学者

通过研究军统、中统等特工的生活和工作，我看到了徐教授的严谨和坚持。

同时也因为这堂课,让我认识了徐教授,从而了解了他关于"小三线"的研究项目。我曾专门作为校报记者采访过他。听他的研究生说,徐教授凡事亲力亲为,他去当年支援中部的上海工人家里获取第一手资料;虽然这很烦琐和辛苦,但他从不劳烦他的研究生;对于模棱两可的事情,他总是亲自去求证,哪怕要坐很久的车,走很泥泞的土路。有时候他会为了一件很小的事去图书馆翻阅资料;有好几次因为年代久远找不到任何相关记载,但他并没有放弃,继续打电话询问一所又一所大学或省市的图书馆、档案馆。功夫不负有心人,他终于在档案馆一个不起眼的角落里找到了那布满灰尘、书页已经泛黄的旧资料。这种事情在他的研究生眼里已经屡见不鲜了。他的学生也继承了不怕吃苦、严谨认真的治学态度。

徐教授在课堂上不仅教授我们专业知识,更是对我们有一种潜移默化的影响,包括对于学问的不达目的不罢休的态度、研究问题的方法等。同时他常常对我们耳提面命,教导我们要做一个堂堂正正的中国人。徐教授以严格的标准要求自己,出版了好几部著作,取得了不斐的成绩;但是他仍战斗在研究的最前线。按他自己的话就是:"我这一辈子以历史为友,挖掘历史真相,都习惯了。"徐教授的执着一直在鞭策我,激励我为自己热爱的事业奋斗下去!

◎ 许 婧

# 师者，润物细无声
## ——记上海大学经济学院朱婷老师

不久前，带着微笑，我们告别了昨天，带着希冀，我们走进了大学。白驹过隙，瞬时而已。现在，第一学期已经接近尾声。

初入大学，一切都是崭新的。生活的不同，给了我们巨大的冲击，然而，十几年如一日的课堂的改变却是更大的挑战。不再有着统一的课堂，每一节课都是走进不同的课堂，座位不再固定……这些都使得老师记不住同学，同学之间相互不熟悉，课堂氛围活跃起来真的很难。即使在上大学之前听说过，然而，当自己上了几天课，感受到课堂的气氛时，心中不免有些难过。上课的时候，老师在上面侃侃而谈，下面的同学对这一话题感兴趣则听，不感兴趣则开始刷屏。

在某个星期五的下午，我遇到了不一样的大学课堂。

那天，当我在教室门口，一个娇小的身影已站在讲台，冲进教室的我并没有仔细看。一瞥，我只记得她脸上的一抹微笑。那双大大的眼睛亮闪闪的。鬼使神差地，我坐到了第二排。

还没等到我仔细打量她，她已经开始上课……"我知道这是星期五，大家肯定想回去，但是，你们要这么想，我们上完这节课，迎接我们的就是美好的周末了，所以，我们要认真上课……我能看到那些渴望优秀的人，所以只要渴望优秀，我一定可以看见的……"这些话说完，大家的积极性瞬间高涨起来。于是第一节课在老师的精彩讲课和我们对周末的期待中度过了。这节课，我们不仅对环境现状有了了解，并且心中多了一份欣喜，欣喜这个学期不再单调。

身着黑色连衣裙、说起话来会眨巴眼睛的身材娇小的老师在我们心中住了下来,一起记住的还有"朱婷"这个名字。

这门课的名字叫"生态环境与绿色智慧",是通选课,同学们是按自己的兴趣选的课。在第一堂课结束以后,我觉得遇到了能解决自己疑惑的老师,心里有一阵莫名的激动。所谓师者,传道授业解惑也。

之后的课果然没有让我们失望,即使是星期五下午这个极其容易逃课的时间,大家的关注度也是很高的。她的课从不缺少发言的人,当提出一个观点、一个问题后,通常都是一群人举手,然后她"霸气十足"地说:"好,你来。"于是某个同学站起来发表自己的见解。值得一提的是,在她课堂上发言不完全需要举手,可能是老师比较开放,只要你有观点且独特,就可以发表自己的看法,并且老师也十分鼓励这种做法。老师这么关照我们,我们当然不能让老师失望,尊重老师观点,再提出自己观点,绝不随意打断老师的话。之后,老师会就我们的观点作阐述并进行总结补充。这,便是一节课的精髓。这个精髓中既有我们自己的东西,也有老师的东西,这样接受起来也不是很困难。这些新的学习方式带给我新奇的感受。

以前,我们回答问题是为了越来越接近标准答案,而现在,不一样了,我们回答问题是为了表达自己的观点,根本不存在标准答案这个东西。大家的思维在碰撞中闪现出明艳的火花,越来越璀璨、迷人。

不仅是上课回答问题的方式鼓舞人心,而且老师的课堂内容也很特别。在展开这门课的时候,老师不仅从人文方向阐述原因和观点,还经常与我们分享她的野外考察经历。我想,这些经历,不仅会永远留在老师的心中,也会给我们留下深刻印象。从她的口述以及照片来看,野外考察的条件十分艰苦。一次,在介绍完一个极度缺水的地方后,她看了看我们,说"应该去最贫穷的地方看看,这样,你们才能更爷们"。我们不禁动容,这样瘦小的身躯里蕴含着多大的能量,才能如此大义凛然地告诫我们——怎么在条件艰苦的地方生活。还有一个在森林里考察的例子,她让我们猜一位同行植物学家的背包里装的是什么,没有人会想到那是两大本植物动物词典。在说完答案后,课堂一片哗然,"多么严谨的治学态度",她垂下眼帘,只说了一句话,却沉默了良久。我们也静静地思考着、领悟着。除了野外考察的经历外，课堂上如果实在乏味了，她则会给我们举几个博弈论的例子，帮助我们锻炼思维，其中的"智猪模型"和"囚徒困境"则是典型。甚至在一次例子中，老师拿出现金来请两个同学上台配合，似乎意料之外又在情理之中。在一次次生动有趣的课堂上，原来的兴趣得以沿袭，新的兴趣也在渐渐培养起来，我的心性也有了些许变化。

老师传授的东西绝不仅限于这门课本身。因为是第一次写论文，我曾经课后找过老师指导。当时她正在备课，问明我的来意后，她立刻就放下了手中的工作，看起了我的论文。虽然我的论文存在很多非常低级的错误，但是老师非常耐心地一一指出来，她说："虽然一篇课程论文，要求不需要太高，但是严格要求自己是有好处的，不管是现在的还是以后的毕业论文，都能提高自己的规范性，还有后面参考文献一定要写规范，这是对其他作者的尊重……"一字一句，帮助我认识到自己的不足并改正它。意外的是，在最后一节课上，老师用"怎样写论文"收了尾。在那节课上，老师把对我说的要求重新对着一百多个学生又说了一遍。遇到这样耐心温婉的老师，尊敬之情油然而生，这是老师对每一个学子的关爱，她把关爱融化在了对我们的要求之中，伴随着我们一起走下去。

寒风乍起，菊花傲立在校园之中。漫步在美景之中，心中却泛起离别的苦涩。一个学期的结束意味着你我的分别。老师啊，您是我的老师，也是我可爱的朋友。感谢您在短短数月之中带给我无尽的思考与感悟。这些不会随风湮灭，只会存留在我的心中。

◎ 李心怡

与子同行——倾听学生的声音

# 萌萌哒的高数老师
## ——记上海大学理学院杨永建老师

进入大学后，对于"文科狗"来说，高数是每个人都要面对的最大敌人。高数老师就像是制服这个敌人的救世主一般的存在。遇到好老师，那么你的高数生涯会过得一帆风顺，遇到一般的老师，也就只能自求多福了。抱着忐忑的心情，我去听了第一节高数课，虽然那些复杂的定义让我听得云里雾里，但是可爱的高数老师——杨永建老师，让我对高数的兴趣有增无减。

### 最像历史老师的高数教授

"数学是一门历史很长的学科，它的历史要从……"从第一节数学课开始，老师对自己只进行了很短的自我介绍，然后对数学的历史来了个很长的介绍，讲起高斯、歌德巴赫、欧拉就像是在讲自己的朋友一样熟悉。虽然我并不是很了解这些数学家，但是在他的讲解中，会自然地感受到他们都好厉害啊！如果你以为老师只是对数学的历史很了解那就错了，老师对《三国》的了解也是相当透彻的，在上课讲解定义时，老师就经常会说："周瑜、诸葛亮都知道吧……黄盖的故事大家都听过吧……这个跟我们的数学都是相似的，大家说是吧。哈哈……"每次上高数课，都有读《三国》的感觉，就像是教高数的说书先生带着一群爱听故事的小朋友邀游在数学的海洋里。

### 擦黑板也卖萌

"左三圈，右三圈，上两下，下三下，跟着我左手右手一个慢动作……"

在老师擦黑板的空隙，旁边的同学给老师配起了音，兴奋地一边喊着"老师好萌啊"，一边拍着照。老师若无其事又一本正经地从左到右慢悠悠地擦着黑板，不时还停顿一下，让人不禁会想，老师是不是在考虑什么数学难题，就像当年的牛顿，虽然只是一个很难引起别人思考的苹果，但他就是这么发现了万有引力定律，说不定老师擦黑板还能擦出个真理！

### 你没懂，没关系，我们来再讲一遍

"老师你上课讲得太快了，我没有听太懂。""没听太懂啊，没关系，我们来再讲一遍。"对，你没有看错，我们的老师就是这么通情达理，就是这么任性，虽然我们的上课进度让同学开始担心，但是老师还是本着每个都要学会的理念，不厌其烦地给我们讲没有听懂的知识。经常碰到身边的同学在抱怨自己的老师飞一样的讲课进度，抱怨那些看不懂的英文板书，抱怨有些老师"简单的不讲、难的自己看的"上课理念。每每这时，我都会有一种中了彩票的幸运感，庆幸遇到了杨老师这样一个善解人意的好老师。杨老师上课从不点名，就连那黑白相间的头发，都有着满满的亲和力。

### 这个很简单的，我们来证明一下

如果问你高数什么最难学，那一定是抽象的定义证明了。尤其对于女生来说，高数更加具有强大的杀伤力。校园里曾经流传着这样一个表白利器——"你的高数我教"。但是一切定义在老师那里好像都变得很简单。老师最喜欢的一件事就是证明各种定义。老师最喜欢说的一句话就是，"这个定义很简单嘛，我们来证明一下"。然后就是一个又一个的公式，一黑板又一黑板的字，老师在黑板上洋洋洒洒地写着，下面的同学不管懂没懂，都在奋笔疾书地抄写。每次老师都会很贴心地把前面的证明推到上面，给我们多一点的时间抄。有同学就会好奇地问老师："这个证明我们一定要会吗？考试会考吗？"老师总是和蔼地笑笑说："现在我们学的数学和高中的不一样，高中的数学是'暴力'的，你只要知道怎么用就行了，现在你要学会这是为什么。"听到这，有些同学可能会不理解，但是在大学，我们要学的不就是一种思维吗？

### 我的表显示上课了，大家不要讨论了

为什么是"我的表显示上课了"呢？那就只能怪学校教学楼的计时钟和老师的表不一致啰。由于教室位置的缘故，我们好像并不能听到铃声。所以每次上课前老师都会说："我的表显示上课了，大家不要讨论了。"

### 我们数学系很厉害的，哈哈

杨老师是个很可爱的人，他的可爱不仅表现在喜欢用张三李四来给我们讲定义，用历史来给我们打比方，偶尔也会"自恋"一下。有次课上，杨老师谈到世界大学的排名时忽然兴奋了，原来我们数学系在 US 大学排行榜排到了 60 多名，而上海大学并没有进入前 100 名，老师说这也算是数学系的一大"奇迹"，而这个"奇迹"背后是因为学院里有很多优秀的老师。从老师的话里，我听出了一个孩子般的骄傲。

这就是我们的高数老师，他亲切、可爱，还萌萌哒。真为曾经拥有过这样一位老师感到高兴。

◎ 杨　梅

# 先生，先生
## ——记上海大学文学院蔡翔老师

来到上海大学已有两个多月了，学校氛围很好，课程安排自由度很大，除了能够学到自己感兴趣的知识，我也有幸感受到各位授课教师的风采。虽然，上课时间不长，见识到的也比较少，但我已有一些自己的浅见，愿在此抒发。

在选新生研讨课时，我几乎没有犹豫就选择了"文学入门"。我是一个爱好文学的人，所以，实在想要听一听大学老师口中的文学。

第一节课，坐在位子上，我等待着老师的到来，除了知道老师叫蔡翔，其余真是一无所知。上课铃响之前，进来的是一位头发花白、如雪夜归来的长者，猜想这大概就是我们的老师了。老师身着一件短衫，看起来很是和蔼。后来无意间翻到一本《大学语文》，才知晓蔡老师不仅是教材的主编者，还是文学院的教授，此为后话。

"文学入门"是一门新生研讨课，以研讨为主，强调互动。老师没有直入主题，而是随意地与我们闲话一二，天南海北地说了一些，让气氛不那么凝滞。此后，当然是回到课程的初衷，他也顺带提出一个"高深莫测"的问题——文学是什么，让学生畅所欲言，偶有点评，但不做过多干涉。老师说，这种课就需要畅所欲言，让我们尽管放轻松。他说新生就应该保持这样的活力，希望我们在以后的日子都要这样。而后，他对我们的观点做了简单的归纳总结。他说文学是叙述性的，关乎表达和交流的文字的艺术，真正的文学是经过时间检验而沉淀下来的经典，是读一百遍、讲一百遍也不会厌倦的存在。老师让我们回去好好看一看几篇文章，分别是《刺客列传》《游侠列传》《兰亭集序》《阿Q正传》和《李家庄的变迁》。这些文章看起来好像并无什么内在联系，但老师应该有自己的考量。

蔡老师的新生研讨课的授课方式实在是非常轻松自由的，每一节课谈一篇文章，开始上课前，先聊一点别的东西，通常是他的一些与课题有关的想法或者感受。然后，他会抛出一个跟课文相关的问题，比如，李白诗中描写了"十步杀一人，千里不留行。事了拂衣去，深藏身与名"的侠客，请我们谈谈对刺客游侠的看法，以及他们存在的现实意义。他让我们了解《兰亭集序》的背景，说说文人雅士为何要选在郊外进行集会，有什么深意。他还让我们畅聊对阿Q这个人的看法以及李家庄的地主与白鹿原的地主的异同……有些论题并不是蔡老师一开始提出的，而是在同学的回答中抓住了一些要点后提出的，他顺带穿插一些专业知识。蔡老师非常鼓励有想法的人，认为交流和表达都十分重要，这些问题的答案并无对错之分，对于学生的回答给予足够的尊重，给出的反馈严肃中带有调侃，通常会针对其中的关键进行反问，引起同学的反思或是进一步的讨论。每一篇文章讲解和讨论的重点都不一样，有的对文本人物进行分析很多，有的停留在对背景的探讨，还有的甚至只是通过文章引出另一个话题。蔡老师给我们布置的论文，也是第一节课上他问到的那个问题——文学是什么，他让我们畅所欲言。这是一个很大的论题，一开始我真是毫无头绪，后来从课堂中梳理出一些东西来，对我很有帮助。

蔡老师博学，谈吐间引经据典，信手拈来，也关注时事，颇有见解。

也许，对于我来说，真正让我印象深刻的并非课上的内容，而是蔡老师的气质吧。那历经时光沉淀下来的气质，对我是一种熏陶，比起课堂内容更让人有所收获。

我心目中的大家是屹立在时代潮流中的人。正如一首《先生》的歌里唱道："一是我辈生而，君子修身立德。二是当仁不自杀，古言齐家作责。三是民声需入耳，经纶时务学之为国；四是明德天下者，故忧万民福泽。"民主爱国，实事求是，自强不息，载物厚德。"且近思志笃学博，治体文而不弱。海有容百川纳而浩然气者。"一点浩然气，千里快哉风，是谓风骨、气度。曾听到一种说法，"现今无大家"。当代社会的高速发展，信息的迅速更替，使得专于学术文章之人实在很少。大家的气度只能在青史野册、历史长河中遥望。

  大学中，教师的特点不一，授课形式不限。我更加期许的是一种引导和氛围的熏陶。教师对于专业问题一定要有严谨的阐释，却也不妨天南海北、引经据典，这是一种视野的开阔。课程安排不紧张，精益求精。课堂氛围不拘束，严肃活泼。教师讲解不生涩，平易近人。它让收获具有无限延展性。

  最后一节课，蔡老师身着印有很多书法字句的短衫，让我们提问，无关课题文章，就是随意提问。一个同学问到如何阅读。蔡老师觉得是一个很好的问题，古今中外，他说了很多。他指出，目前先泛读，有兴趣的都可以读一些，日后有研究方向再进行精读、细读，作有专业针对性的阅读。最终，他把阅读落在"经典"二字。经典，永垂不朽。

  课毕，起身，那些字句像是要从他的衣服上飞跃而出。

◎ 李堰溪

与子同行——倾听学生的声音

# 薛卞德行馨，师者清人心
## ——记上海大学外国语学院薛清老师

一个提包，一副眼镜；一杯咖啡，一支电笔——当我初入"大学英语"课堂，踏入那间小而温暖的教室，看到的便是这样一个身影。在座位上坐定后，我四处张望，看看同学们；再低下头，看看我自己。大家的眼里，有对"大学英语"的迷茫，有对难题当道的不安，更多的是对这位英语老师的怀疑与担忧。"同学们好，我是你们的英语老师。想必大家也早已知道，我叫薛清，Clare Xue。现在让我们开始第一节课的学习吧！"

教室的灯光亮起，讲台上的身影变得清晰。那是一名瘦瘦高高的女老师，笑容洋溢的她瞬间打消了我们对遇上"恶毒老婆婆"的担忧。第一节课总是引人入胜：教学大纲、网站介绍、演讲分组、听力试音……没了高中时的自以为是与心猿意马，45分钟不知不觉中从指尖溜走。第二节课更是让我们大开眼界：全网络式递交作业、平时考试对折打分、课堂交流更多元化……当听到"That's all for this day"时，我甚至还没能回过神来。

然而，当时我并不知道，这只是象牙塔的冰山一角。薛老师的好，也远不止这一星半点。在此后的两个月里，每次从她拿着文具袋和咖啡杯走进班级，到收好激光笔和小提包离开教室的一百分钟内，我都必定收获颇丰；而她持之以恒的言传身教，也让我对生活的方方面面有了更深层次的感悟。

薛老师知道，我们经常埋头于"微积分山"，淹没在"工图之海"，难以再抽出大把时间专攻英语。所以，只要完成了规定的教学任务，她总会尽可能挤出时间，让我们在课堂上完成一定量的课后作业。即使是一段五分钟的阅读理解,一套三分钟的单项选择,她也愿意把有限的时间更多地给予我们。这样,我们便能在不影响完成额定学业的基础上,留出更多的时间自由支配。

薛老师知道,我们早已为高中时的半填鸭式教育头疼不已。所以,在面对最容易变成灌输式教学的课文精读环节时,她总会用各种颇有新意的方式唤起我们的积极性:不照本宣科,而是自编例句,让我们在练习中记住内容;不点到即止,而是深入挖掘,让同学被新知识深深吸引;不挥舞教鞭,而是网络互动,课间时大家会为之一振。凡此总总,都让我们从心底里爱上了学英语。

薛老师知道,高高在上的老师把握不住课堂的脉动,唯有接地气,方能解人心。所以,她非常用心地和我们进行各种形式的互动。每次上课之前,她早早来到教室,做好课前准备后便找大家聊天,课内课外无话不谈。同学课前演讲,提及新话题时,她也会不时地回过头,悄悄"请教"相关知识。这样,薛老师总能及时把握时代话题,并将其糅合进课堂例句与出题素材。大家在眼睛一亮的同时,不知不觉地更贴近课堂,记牢学科知识。

薛老师知道,千篇一律的方式只能使特定的一小部分同学拿到高分,因材施教才能使整个班的同学取得最佳的成绩。所以,她总会给我们最大限度的宽容,让我们为自己定制学习方案。弹性化的作业时间、任意化的演讲主题、理想化的教学进度、多元化的课程方案,无不体现着那一直被推崇的、求同存异的"大同"思想。果不其然,同学们在摸索中都逐渐地形成了一款自己的学习风格,不仅现在适用,未来更可受益。

薛老师知道,模拟英语环境下的纸上谈兵永远是自欺欺人,多接触真实的英语世界才能让我们掌握实际的交流技巧,而这远比分数来得重要。所以,她不套用教材中现成的习题,而是搜集各类素材,编辑听力资料。奥巴马最为经典的竞选演讲、Westlife 组合的一首流行慢歌,甚至 BBC 某天的某段报道、英语电影中的某个片段,都可能成为我们听力、问答等题型的题库来源。不知不觉中,我变得更能驾驭实战——前几天在人民广场游玩时,我能从流利的英语中理解一名迷路金发小伙"需要带路至地铁站"的需求,甚至在帮忙途中和他进行了顺畅的英语交流。而这些,是我初入校门时,想都不敢想的事。

薛老师知道，作为一名大学教授，她能做的不仅仅是帮助我们学好英语，还包括帮助我们德、智、体多方面成才。"智"方面当然不用多说；在"体"方面，她总会隔三岔五地"点"我们一下，让我们意识到定期锻炼的重要性；而"德"方面，她会在课间休息时持续给我们灌输一些思想，如"上课尽量不迟到""考试绝不能作弊""出门必须注意安全"，这些已被我们无数次当成耳边风的"老生常谈"，在她口中总有一种强烈的说服力。虽然当时并没有太多感觉，但每次在我们不按常理出牌，差点成为"墨菲定律"受害者之时，脑中总会突然回荡起她的叮咛。及时收回了那差点迈出的步伐后，我们会为发现前方是一壑深渊而后怕不已，也更感谢薛老师当初的"唠叨"。

冬季学期选课结束后，我们迎来了秋季学期的期末考试。当薛老师宣读考场规则时，我突然意识到，运气不好被"踢出"课程的我，将不能继续留在薛老师的班级里。是啊！薛老师共有3个班，每班额定35人。选课时，最少的一个班也有近60人报名，若能被留下，该多么幸运！

现在回头看看，能有这一学期的相处，真是我的幸运。"薛清，女，1966年生，上海大学外国语学院副教授"，看到校园网上这句简单的描述，我总是会有一种想在上面添上几笔的冲动。不过，也没必要这么焦急。因为，我相信，通过这一学期的努力，我将能获得一个拿得出手的绩点，并因此在春季学期的选课中，重新回到阔别已久的"薛清"英语班，续写这段故事。

◎ 张峻榕

## 不一样的课堂
### ——记上海大学上海美术学院苏金成老师

人们一提到上课，脑海中一定会浮现出这样的场景：老师站在讲台上拿着教案，正在专心地解释一个名词，或者重复重要的知识点，或者是在黑板上认真地写着板书，毫不在意粉尘沾染自己那整洁的衣裳。以前人们往往把上课地点默认为是教室，上课时老师站着，学生坐着，老师说着，学生听着、写着。随着网络技术的发展，人们突破了时间与空间的限制，可以通过观看网络视频的方式选择自己喜欢的老师，近距离聆听名师的教诲，这也算是教育的一次革命。但是我的老师上课既不采用传统的授课方式，也不采取网络视频的教学模式，而是选择在学校以外的地方给我们讲课，让我们在一个放松的环境中探索学术的奥秘。

韩愈在《师说》中对老师进行了精辟的介绍："古之学者必有师。师者，所以传道授业解惑也。"上课的目的是什么？老师传道授业的落脚点是解惑，传道授业已在课堂上完成，但是学生心中的疑惑真的解开了吗？我认为师生间最重要的就是交流，进行精神上的沟通，而这一过程才能真正地做到"解惑"，达到上课的目的。而这，正是苏老师的"课堂"最与众不同的地方，也是最核心的部分。

每周固定的时间，我们都会去老师家里上课。或许这是研究生才能享受的待遇吧，要是给数十个本科生上课，老师的家还真是小得容不下呢。或许有的人说上课就要一本正经，严肃地对待知识，在家里怎么能算是上课呢？但是对于研究生来说，我们已经养成了较为自觉的学习习惯，所以轻松的学习环境不代表精神上的走神，在家中上课我们也是规矩地坐着，认真地听着。在老师家，我们围坐在一起，泡上一壶清茶，老师问问我们最近有没有在学习和生活上遇到什么困难。接着，学姐们就会分享她们在学习与论文写作中遇到的问题，老师会就具体的问题结合自己求学的经历，一一解答。然后，老师就会谈论一些"美术史"学习的方法与学习思路，还会分享一些最新的学术动向与最近的讲座论坛信息。苏老师言谈中的温和儒雅透着学者的文化气质。

我们在学习中总会产生这样或那样的疑问，并且在问过老师一个问题后，又会产生更多的问题，想要再去问老师又怕占用老师的休息时间。况且有些问题还需要进一步思索，草率地提问难免会让老师觉得我们没有思考，可等到想清楚时却又找不到老师做进一步的交流。现在的老师往往都会住在靠近市中心的地方，所以下课了老师不会在教室过多地停留，学生的问题需要隔一周才能答疑。虽然现在实行了老师定时在办公室答疑的制度，但这又会与学生的上课时间冲突。而苏老师的"课堂"就离学校很近了，从学校西门出来走上10多分钟就到了老师家，并且老师白天和晚上都会在家中看书，所以找老师交流很方便，老师也欢迎我们带着问题去与他探讨。这样，我们学习的进度就快了很多，也激发了我们对学术研究的热情。

苏老师上课的内容非常广泛。他不单单教授我们学校规定的必修课，还教授我们人生必修课。苏老师的学习经历很丰富，他在东南大学完成硕士和博士学业，然后做了中国美术学院第一届的博士后。他还在清华大学美术学院、北京大学艺术学院和中国国家画院进修。苏老师看过古色古香的徽派建筑，去过巍峨宏大的金陵古城，静立在浓妆淡抹的西子湖畔，穿行过流光溢彩的上海外滩，这些求学问艺的经历使苏老师具备了宽广的学术视野。后来他来到上海大学美术学院，在这里任职。他相信，只有在一个地方生活过才能对其有所感悟，才能更自然地孕育出自己意境里的日沉星起、沧海桑田。苏老师的"课堂"也并不固定。他鼓励我们多出去走一走、看一看。苏老师对我们说的最多的就是"看书，看书，再看书"，他要求我们在完成学校课程后在图书馆大量地翻阅各个学科的书籍，找到自己的学术兴趣。对于"美术史"，苏老师教导我们不应该拘泥于书本上的图片，更应该发挥田野考察的精神，去真听、真看、真感受，去多见见真的东西、好的东西，这样才会使我们不再被过去的研究所限制。苏老师还会带我们去观看展览，给我们细心讲解画中的意境与形式、风格的问题，通过对作品的直观感受加上老师的讲解，我们加深了对画作的理解，提高了学术修养。

苏老师的课堂更接近于传统意义上的"私塾"，这种小班教学更有利于知识的吸收与消化。上苏老师的课不是为了修学分、拿学位。这门课也许一生也上不完，也没有一个结业考试。透过苏老师的课，我们可以感受到他淡定自若的心性及澄明无碍的状态。"高山仰止，景行行止"，这也许就是打开学术之门的钥匙吧。

◎ 于奇赫

# 沙漠绿洲
## ——记上海大学外国语学院张岚老师

新学期。

我走入教室,在第一排的课桌上美好地憧憬着我的新老师,如那好听的名字"张岚"一样轻风般美丽。

屏住呼吸。

然后,一位老师携着轻风与课本走进教室。

"怎么是个男的?"对旁边男生的碎碎念置若罔闻,我抬头微笑地看着他。阳光从树叶的缝隙里洒下遍地碎金。

我知我身份甚微,小小的 B 级学生,请允许我以我的诚挚之心赞美您,我的张岚老师。

我喜欢你。

喜欢你将单词拼写出来,喜欢你听力课上逐句翻译难以听清的话。

喜欢你永远用宽和、轻松的语气来缓解翻译句子的学生的紧张,喜欢你说"没关系","嗯,翻译得很不错了",还有那霸气的一个字"选"。

喜欢你嗓子清润、声音洪亮。你的声音和我高中英语老师一样的完美。

你感冒了。看电影的时候,你轻手轻脚翻过课桌到达里边的座位上。我和后排的男孩子都笑了,感觉你像个孩子。电影名很长,不记得了,故事情节跌宕起伏、惊险出奇。而你静静地坐着,坐在离我很近的地方,你的面前安静地躺着一本书,我瞄了一眼,全是英文字母。

记忆倏忽开坛启封。

小学。瘦瘦小小的我踩着凳子在黑板上给同学们抄题，年纪一大把的语文老师坐在我的座位上给我抄题。我回头看去，他安静地坐着认真抄写，戴着他的老花镜。那一幕，时间青铜朴素，全无凿砌雕琢之痕，印于我的小小心间。

高中。我们早读，英语老师也早读。他用最好听的声音朗读背诵，认真的神色难倾诸笔端。

后来，我很少遇到这样专注的老师了。他们是那样可爱。专注的人总是可爱的。

或许是抱着失望之心而来，见了你便觉惊喜。人们是不在乎树木的，他们砍伐它，叫它流血，叫它疼痛。然而它生长在沙漠便成了绿洲。无数跋涉者为它魂牵梦绕，无数个夜里对它彻骨思念。而你是我内心荒芜时的绿洲，追随你的不止我，还有经你指引过的许许多多的学生。

人性的弱点让我们总爱对自己熟悉的人发脾气，对熟悉起来的人却渐少温软细语。而我期望，无论多久，我敬你爱你的心都如此。

多么想认真地读一个人，如品读一个绵长的故事。自他出世读起，待我亡去时终结。

告诉我你年幼的事。是一个或安静或顽闹的男孩子，是午后静静依偎墙脚小手捧书卷，或是又打碎了哪家玻璃；是熟读那唐诗宋词文化精粹，抑或是汗水湿了衣衫又一个漂亮的扣篮，见了乞讨的老人是柔软的心蓦然疼痛，还是刚刚烈烈振臂一呼以拯救天下为己任；是手捧奖状笑得腼腆灿烂，还是气呼呼又一次想甩手不干。告诉我你如何成长。如何经历那惊心动魄的高考，在这钢铁的制度下完好存活；如何面对生命中的风风雨雨惊涛骇浪。还有，如何遇见最爱的姑娘。

生命是一场奇异突兀的旅行。过去在我们遇见新的人面前清空为零。这大概是痛苦不会长久、感动也不会长久的原因。纵使过去如枯木心力交瘁苍老衰竭，我们在新的人眼里都是光鲜明媚的模样。我们依然皮肤光滑，笑靥如花。再长的路回头看也不过咫尺之涯。既然如此，每天都该潇潇洒洒。

明天依旧在你的课上。你打破不可能逐字逐句讲解的诅咒，你带我们挥动魔法的杖子，清除漫漫前路障碍。

我要再听你完美的声音。
我要再领略你精细的讲解。
我要再体验跋涉者对沙漠绿洲的渴望。
我们要再听你完美的声音。
我们要再领略你精细的讲解。
我们要再体验跋涉者对沙漠绿洲的渴望。

◎ 姜正芬

# 美的礼物
## ——记上海大学文学院石圆圆老师

从很早以前,我就发现自己对语文有着特殊的兴趣。对于有关文学的事物,有着一份独特的情愫。

印象最深的便是高中时的语文课,那位老师对文学的热爱总能深深地打动别人。每逢初春,他总会提醒我们好好欣赏窗外山墙上一大丛一大丛鹅黄娇俏的迎春花;夏天那满墙的绿油油的爬山虎自然又成了他爱慕的对象;秋天,谁都难以拒绝和他一起在金黄的银杏叶铺满的小径上散步;冬天,午后总是能看见他在暖暖的冬阳照射下的操场上流连。他会让你透过窗户眺望远处的大山,感悟李白与敬亭山相看两不厌的意蕴,也能让你从一篇古诗词中想象出大浪淘沙的沧桑。他说,小时候的农村生活带给他太多与自然亲近的机会,故而,他能用富有魔力的语言带我们跋山涉水,看尽祖国河山;他也曾在国外的小镇上流连,故而,他总能以独到的视角带我们领略别有韵味的异国风情。但唯一的遗憾也正如他所说,高中课业负担重,他不能够带我们去学校的大草坪上坐一下午,晒太阳,听鸟语,或是以类似的方式感受世界无所不在的美。

于是这种遗憾,一直留了下来,直到进入大学,我还念念不忘他所说的那种感受美的授课方式。然而,另一位同样具有文学气息和浪漫情怀的老师的出现,让我的遗憾得到了一定程度的弥补。

由于课程设置,她只能给我们上三堂课,并以三节课讲述一个关于"美"的专题。这似乎是一个从小到大都能时常听到的话题,每逢谈起,人们总是倾向于聊一聊自然的美，我自然也第一时间想到了所见过的种种美景。然而她给的文本阅读却是——《一岁货声》。

"货声？"我竟一瞬间难以回过神来。感觉记忆里并没有任何关于"货声"的资料，那"货声"有何意义，更是一个字也说不出来。

然而，她的那堂课实在是一个美丽的礼物。尽管我不曾有过太多类似的生活经历，然而在她的讲述下，无论是看过的文字，还是影视作品，抑或是听过的音乐、讲述，全都潮水般涌进了脑海中。不难想象，冬日被皑皑白雪覆盖的老北京城，狭窄的胡同里，或是街头巷尾，一圈昏黄的灯光映照下，卖糖炒栗子的铺子上空升腾的热气，和那足以使每一个行色匆匆的人都放慢脚步的栗子的香甜气味。最使人无奈的还当属小贩那一声浓浓的北京味儿的叫卖："糖炒的栗子咧，香甜的栗子咧！"比这声音清脆的是那每天必定会穿过每一个小巷的卖糯米麻糖的小贩带来的——他总能用两种看似很普通但谁也说不上是什么的铁块敲击出"叮叮锵锵"的清越悠长的声音，比那声音更响亮的是他那"卖糯米麻糖咧"的叫卖声。尽管这种糖在今天看来并没有什么稀奇，但那声音纵然是在今天的街头响起，想必也能惹得一大群人想去尝一尝那甜糯粘牙的滋味。想到这里，我也不禁沉醉。也不知道自己这种自然而然的想象是否算作是课堂的走神，但确实，她的讲述将我完全带到了应有的情境里，童年里关于"货声"的记忆都浮现出来，我甚至想起，自己曾站在大树下看师傅是怎样将黏黏的糯米和面粉做的团状物抻拉收缩，最终做成美味的麻糖。而就是这样一个并不繁复的活，也竟让我出神地看了一下午。

还有一种场景，是我很难完全想象出来的。老师也谈到她童年时见到的那种纯手工制作的元宵花灯，实在令人神往。那种花灯是某个地方独有的，很大很漂亮，总能惹得小孩子忍不住想求家里给买一个，而有幸能拥有那样一个花灯的孩子，则似乎成了世界上最幸运的人。他所能享受的，不仅仅是小伙伴们由衷的羡慕，还有那样一个精致的花灯足以带来的好几天的喜悦。在当时，那种快乐对一个小孩子来说是非常巨大的。而老师也说"可惜"，今天的商业化使街头几乎不再有那样的花灯，那与之相关的淳厚的民风民俗也渐渐消逝。我也不禁觉得可惜，自己很难有机会去亲身体会一下那种情境下小孩子的简单的快乐。那比花灯更丰富绚丽的民风民俗，今天我们也很难见到了。想起自己曾经从某些纪录片中看到类似的淳朴民俗，想起那一句亘古不朽的"花市灯如昼"，不禁对中国独特的文化又多了一份感情。

可以说，老师对"货声"的讲述在文本的基础上提升了很多，有关货声，有关文化，有关中国的特色，无不带给人一种深厚的人文美。尽管我没有走出教室，但依然见到了那种令人沉醉的美。不同于自然，那种美是由人所亲手创造出来的，具有每一代人思想、感情的印记，经过时间的淘洗，依然能焕发出不朽的光彩。

不得不说，尽管只有三堂课，但老师的讲述已然给我留下了深刻的印象。那有关美的一切，像是将我带到了一个新的天地，我更能关注到身边无所不在的美；即便是身在教室的方寸之间，视野也已向外面的世界一步步拓开。那几堂课，成了一份珍贵的礼物，给我带来持久的影响。

◎ 王子丹

与子同行——倾听学生的声音

# 菊开留香，香溢师生
## ——记上海大学文学院王晓明等老师

虫鸣将息未息时，秋便来了，之后，不知是过了几场雨后的清晨，起身，未及做些防范，天气就这么兀自地凉开去了。雾，浸透在黄黄的阳光里；叶子，在黄绿色的草尖儿上卷舒开合；水气，吸进来再呼出去，润润的、凉凉的，最末尾处忽地一下，却是清冷。于是想到"芳草化薪，蛰虫休眠，万物始收藏"，可果真如此吗？这里自然不比北国，没有"草木摇落"的严峻，但世界也许有些单调了吧？其实不然，只因菊花之姿。

来此处读书已经有五个年头了，对菊花节，亦是有颇多感慨。从斜着眼睛的呆萌象，到如今，两只直挺挺的长颈鹿，每年的景，都被讨论得好不热闹。也不知从什么时候起，给友人、给游人、给新人、给陌生人介绍这些景时，竟然如数家珍，如步入自家后院。想来，这也非偶然，是对文院的归属感，而归属感之来，则是被文院老师们所感化了。倒不是说客套话，文学本来就是博约精取。本科时，课程涉及方向多，但老师们无一不是启之又启，到了研究生阶段，则用心更甚。

渊雅有量的王晓明老师，课上总是特别希望学生向他问问题，不论问题繁复冗杂，他都要将身子微微侧向言者，耐心倾听，言者说完，他必点评一句"很好"！

风趣的蔡翔老师。不要以为青年老师才能成为"男神"，蔡老师的男神词谱里可不用考虑这些。秋季学期的课上，一位在美国留学的本科同学特意跟我要老师课堂的录音，老师的声音就这样漂洋过海地传去了，带去了精神的慰藉。

语言学那边的杨逢彬老师，下课后总是一边跟同学聊天一边走去食堂的。他课上教说韩语，为什么教韩语？其实啊，是韩语有些发音保留了古音呢。

　　蔡锦芳老师，读起诗来，可真像与古人通话一样，那样神情专注；

　　石圆圆老师，既可以温婉地与我们读"古诗十九首"，亦可以讲论《金阁寺》；

　　景春雨老师，以前我们在背后都管喊她"景妈妈"；

　　杨万里老师，《孟子》里说的"一身正气"大概就是这个模样了吧；

　　郑幸老师，讲到好笑处，会自己先笑起来，将那个甜蜜劲儿，毫无保留地传递给我们；

　　肖有志老师，真真将我们带到了柏拉图的世界里，多少个有阳光的下午，我们挤在美院的教室内磕磕绊绊地跟着肖老师读着拉丁语；

　　历史系的宁镇疆老师。记得以前读书会的课上，他说为给我们备课，又燃起了重读的热情，热情之激烈，于路途之中依然手不释卷；

　　还有王丽娜老师、周展安老师、刘奕老师、朱羽老师、李芸老师、李翰老师、凌峰老师、张萍老师、丁佳蒙老师，等等，等等。老师们实在太多也太好，只能遗憾地说，不能一一描述了。然而我还是有些私心，想讲讲自己方向的老师们。

　　我的导师苗田，是一个以读书为最乐的人，见到我们只管乐呵呵的。以为他什么也不在乎了吧，却其实早将我们这些学生看得透透的，临关节处，出来点评几句，总让我们反思到心服口服，甚至未来之路，我们还没看到的，他都在轻松的无意间道给你听，替我们打算好了。

　　曾军老师，教书之用心、尽心、耐心，好不厉害！老师是学科带头人，身边事务绝不可能少，然而课程结束之后，老师会特地抽出时间，邀约我们"围炉诗话"，谈谈自己对课程的理解、学习的领悟。还记得咖啡馆中，老师慢慢地、依次地问我们，"你来谈谈"，"你呢？来说说"。这难道不像子路、曾皙、冉有、公西华侍坐。子曰："以吾一日长乎尔，毋吾以也。居则曰：'不吾知也。'如或知尔，则何以哉"的场景吗？只是，孔子那里没有咖啡，我们却可以手捧咖啡，浓香萦萦，更加温情。

李孝弟老师，幽默而机智，虽然是长者，却能跟我们"玩"到一起。记得有一次作业来不及交，于是只得发信息问老师："可以申请开启作业延迟模式吗？"老师当即回复："临时开启，限时关闭，完成多少是多少。"其机智与对学生的关怀如此！

孙晓忠、曹谦和邓金明三位老师的课，下一阶段的学习才能上到，但完全不妨碍先有了期待与兴奋。孙老师也是幽默的，对人、事有着深厚的同情与关怀，对学生就更不必多说。曹老师，温温和和地说话，温温和和地写字，有同学说老师是"儒雅"的，也有的说是"萌"的，只是听同学说起，老师校改本科毕业论文时，那是一遍一遍又一遍。邓老师，以前本科上课课间，老师问我们一个生活技能上的问题，还说他要跟着我们学，他也是不懂的。青年老师的可爱也许就在这里。

不经意，一回首，菊花节已行进有些时日了，而菊花依然灿若云霞，在风中、阳光中、甚至雨中。花开留香，留香此年中，留香在文院，留香在我们上海大学老师们的身上，留香在其乐融融的爱中。

◎ 李芳凝

# 高山仰止，景行行止
## ——记上海大学计算中心沙凤龙老师

来到上海大学已有一段时日，课上了不少，教授也认识了不少。可真要在其中挑出一个我最喜爱的，却有些为难。每个教授都有各自的优点，有的风趣幽默，常与我们谈笑风生；有的知识渊博，会和我们谈古论今。沙凤龙老师所教的工图课让我一直都精神奕奕，处在饱满的学习状态下。

想到这里，我不禁产生了疑问，为什么在这堂课上，永远不会有睡魔来袭呢？众所周知，理工课上，许多概念是复杂难懂的，稍不注意，便会走神，然后就会惊恐地发现，自己跟不上课堂的进度了，只好在睡梦中寻找些许慰藉。而上沙凤龙老师的课却很少有这样的担忧。他的课从来都是将工图题一个平面一个平面、一条线一条线地拆开来，让同学们从最基本的知识点开始分析，然后由易到难，将每个平面每条线叠加起来，接着再分析在某一个视图上是否看得见，最后用深颜色的笔加深。整个过程一气呵成，让大多数学生都能掌握这张图的画法。但是总有一些像我一样的同学空间感极差，总是无法捕捉到工图题的跳跃性。说白了，就是看不懂，听不明白，想不通。沙凤龙老师不会因我们没有听懂而气馁，他会将立体图仔细地画出来，以一种更加直白的方式向我们传授这张图的画法，并且会安慰道："工程制图就是培养学生们的空间想象能力的。"他总是会用这样的理由让我们依然怀有对工图的热情，不随意放弃，不轻易认输。沙凤龙老师对教育事业有着崇高使命感，他在自我介绍中说到一句话："我相信每一个想学好工程制图的学生，都能学好工程制图。"当初，我以为这只是老师鼓励学生的一种方式，而现在我相信这是沙凤龙老师愿意为教育事业付出的决心。

　　想到这里，我又不禁想到这种春风化雨的授课方式，细致深入的讲题方法，种种优秀品质不是经常在文科老师身上出现吗？但沙凤龙老师却没有那些文科教授的长篇大论滔滔不绝。在我的印象中，最常出现在他口中的话就是："你们听懂了吗？"这样的话文科老师口中少有出现，理科老师中也不常见。而对于像我这样的对工图毫无天赋的人来说，不亚于天籁之音。其实我也明白，大多数人不愿意在课上问出自己的问题，都认为自己的问题太过浅陋无知，而其他同学早已了然于心。是的，一开始我也这样，羞于开口问问题。有一次当看到一条线出现在一个我意想不到的位置时，我的问题几乎脱口而出，但是因为上述原因，我最终还是将最后的几个音咽了下去。沙凤龙老师注意到了我，用鼓励的眼神望向我，说着"天籁之音"："你们听懂了吗？"这给予我极大的勇气，下意识地转过头看了同学们的反应，他们都在盯着投影，一言不发，我咬了咬牙，提出了我的问题："老师，这条线是怎么画出来的？为什么会出现在那个位置？"老师面带微笑，点了点头，依然用着那种鼓励的语气说道："这位同学，问题问得很好，这条线为什么出现在这个位置呢？因为……"当时，我很骄傲，我觉得我问出了一个很有水平的问题，老师都为此感到欣慰。到现在为止，我仍然记得那张图的画法，就像一部电影一般放映在我脑海中，一个步骤便是一个画面，每一个对应点的画法都会经过一个细节处理，或许，这便是古书中所记载的"余音绕梁，三日不绝"吧。后来，我问我的同学，那根线当时你画对了吗？他用了一种很自然很平淡的语气答道："这是当然。"我这才意识到了沙凤龙老师的良苦用心：在他的课上，问题是可以被问出来的，无论这个问题高深与否，它都是学生的问题。我的脑海中想起了一个词"春风化雨"，它来形容沙凤龙老师的课真是再恰当不过了。

　　提到"雨"这个词，一次答疑课的画面又出现在了脑海。那是一个雨夜，不过没有春雨带给人的舒适感，而是秋雨所独有的寒冷。我站着办公室门口，门是开着的，敲了敲门，沙凤龙老师转过头，并向我点了点，示意我进去。桌子上放着一杯说不出名字的茶，散发着淡淡的热气，一袋馒头包子就放在不远处，看来他也是刚回来，饭还没有吃。我有点羞愧，想到自己吃饱喝足，晃晃悠悠从食堂走出，在饭点上敲响办公室的门，害得老师晚饭还未吃，便想倒退回门口，让老师先用餐。谁知老师看穿了我的想法，十分爽朗地叫住了我，让我提出问题。我也不好拒绝，想先随便问两个，就草草结束。可是老师又看穿了我的想法，微笑地看着我，问我真的没有问题了吗。我想点点头，可是看到他真诚的眼神，还是将所有的问题问了出来。老师也不说些其他的，就是回答我的疑问，在我仍然搞不清的地方，依旧给我画立体图。临走前，依然不忘鼓励我说："多做多练，会好的。不会的再来问我。"走出门的一刹那，我又不禁想起了那句话："我相信每一个想学好工程制图的学生，都能学好工程制图。"是的，我相信，每一个想学好工程制图的学生，都能获得援手，从而学好工程制图。

"云山苍苍，江水泱泱，先生之风，山高水长。"有首诗说："你自己一无所有，却成十倍地赐予别人。"我对此除了感恩，无以为谢，高山仰止，景行行止，虽不能至，心向往焉。

◎ 韩　东

# 我想邀您下楼赏花
## ——记上海大学理学院胡海平老师

> 冲天香阵透上大,满园尽带黄金甲;
> 金菊向阳菊韵长,绿叶情怀人人传。
> 
> ——题记

秋阳杲杲,雁过留声。一踏进教学区,大片大片的菊花便映入眼帘。有野菊、雏菊、万寿菊;大菊、小菊、冰雪菊,各式各样,种类繁多。它们都把自己的圆脸毫无遮掩地显现出来,丝毫没有江南女子的温婉绰约,而是一种北方汉子的豪放不羁。尤其是它们那张牙舞爪、肥硕阔大的大花"脸",圆圆的,可爱极了。微风一抚,那脸上的"肉"便不由自主地抖动起来,像极了那个挺着大肚子、长着圆圆脸的小老头。简直像极了……

是教授,是高数教授,是刷题如战神的全能教授……可是,不是电影里的都教授,那个帅帅的都教授。但还好,他是这么个可爱的人。

说实话,开学见他的第一眼,我是失望的。因为,想象中的大学教授就算不是像"来自星星的都敏俊"那么高大冷酷、英俊潇洒,至少也要光彩照人、眉清目秀、明眸皓齿。而他……就这么走进来,不考究的穿着,托着个大肚腩,顶着一个光亮的脑袋,伴着柔和的日光,伴着和我一样坐在台下很多新生心碎的声音……突然间,我们都有了一种想要为高数默哀三分钟的冲动。本来就是最枯燥、最烦人、最让人心焦的科目,还期望有一个帅气的老师来安慰我们这一颗颗被高考虐完、即将接着被高数虐得受伤的心。可是理想很丰满,现实很骨感。他行动迟缓，状如企鹅，左手不时扶一下脸上快要挂不住的眼镜，右手还提着个橙色小布袋。这样的落差就像你好不容易中了一次彩票，却被告知已经过期；就像你苦苦追求一辈子的东西，却被别人轻而易举毁得一塌糊涂……

"咳咳"，台上的"绝类弥勒"用他又短又肥的手捏住那个还在"吱吱"挣扎的小话筒，那双小眼睛更是滴溜溜地将整个教室横扫一片。"吱吱吱"，看那小小的话筒，被他死死地攥在手里，挣扎得努力又无奈，我们不禁汗毛都立起来了。这是一个怎样的教授啊？凶狠？严厉？还是什么都不管，只是敷衍我们这群求学孩子的甩手掌柜？

据说"大学有棵树，上面挂了好多人！"对我们新生来说，如果高数是一棵挂满无数"英魂"的树，那么高数老师就是那根卡在我们喉咙里咳不出来、咽不下去的鱼刺。更何况我是一个从小县城来的学生，基础本来就薄弱，心里更加不自信，这儿不懂，那儿不会，面子上就更加挂不住了。于是，课后我找到他，虽然难以启齿却也还是完完整整地向他说明了我的尴尬。原以为他是一个教惯了大城市优秀学生而无法理解我的教授；原以为他会说："这么大的人了，你自己不会下去看啊？"原以为他会说："你这水平，连上海的中学生都赶不上。"原以为……可是他却用他明亮的小眼睛，饶有笑意带着安慰地看着我说："没事，我以后尽量讲细点，速度不合适你要说，但是自己也要下去努力哦！……"不知道那一刻是不是角度正好，居然觉得那时他圆乎乎的脸竟然显得那么温柔，在我眼里多了一份可爱。

之后的日子，上课下课，上学放学，这原本死板呆滞的求学时光竟然因为他时不时的"呆笨卖萌"而变得简单有趣。看着他在讲台上给我们梳理知识时，小眼睛飞快扫过我们每个人的脸，仿佛要将每个人的知道与不知道了然于胸。那一蹦一蹦地指着黑板上的知识点的样子，像极了泰迪熊；为了拉近我们和高数的距离，他一直不断地强调师生之间是朋友，是亲人；每次讲例题他都不忘转动他那滴溜溜的小眼睛，信誓旦旦地说"这个，肯定要考"，就因为他这句话，不知惊醒了多少在"瞌睡线"上挣扎的学生；他的那双小短手不知"手刃"过多少虐我们虐得"死去活来"的"题王"……就因为他解题酷似"解题王"，我们都叫他"题老头"。

都说高数是最"坑人"的学科，高数教授是最不讨喜的教授。可我们的这个"卖萌耍宝"的"老头"咋就那么可爱亲切、让人宽心哩？秋风送爽，菊花飘香，在这个收获的季节，上海大学的菊花争相开放，好不兴奋！听说学校有个传统，就是如果有心心念念的亲人朋友，那就在菊花节邀请他们一起来学校看菊花，聊聊过去、现在和将来。可惜我家乡远隔万里，旧友更是散落天涯，不过不要紧，飞快地爬上楼对着那俯首案前的背影，轻轻地说："教授，我想邀您下楼看菊花……"

◎ 王孟桃

# 我喜爱的两位老师
## ——记上海大学理学院孙建才老师和法学院李清伟老师

闷热的八月，伴着此起彼伏的蝉鸣，我步入大学。微醺的九月，暑气迟迟未散，我遇上了两位像阳光一样温暖的老师。而今，十一月的曲目已奏响，教学楼前大簇大簇色彩艳丽的菊花正开得热烈，广播里清透明亮的钢琴曲穿透校园，我的心情也不禁明亮快乐起来。

提笔写我所喜爱的这两位老师时，闯入脑海的画面虽然零零碎碎，但却格外鲜明生动。

孙建才老师偏爱穿格子衬衫。盛夏时分，一件短袖格子衬衫。微凉的初秋，长袖格子衬衫外加一件无袖绿毛衣。他总是微笑着，平易近人。

李清伟老师带着慈父般的温暖。大大的有框眼镜，不高的身材，微微发福，一副学者风范却不古板。盛夏烈日下，一件白衬衣显得更加明净。

这代表两位老师的迥然相异的颜色，在我看来，是一种洗尽铅华的明朗。

孙建才老师是教高数的。与室友所说的"理科老师都很暴躁"相反，他很温和，很有耐心。微凉的秋季早晨，他授课过程中汗水湿透了衬衫的背影，总是让我的心装满沉甸甸的感动。

他上课很有耐心，从不因为是给人文大类的学生授课而怠慢。板书工工整整，就像他的为人一样认真。我坐第一排，看他上课时，总觉得他散发着星星一样的光芒。

他是决不肯拖课的。刚开学那次，铃声出了问题，他上课超了时间，坦坦荡荡地道歉，并不忸怩。课间的十分钟他从不休息，亲自擦黑板，解答学生的问题，不厌其烦。感觉他像一块温润的玉石，谦逊、包容、温和。

老师授课并不只是沉浸在自己的世界里。印象很深的一次，因为一时走神，我小声地询问同学前面的内容，老师忽然上前询问我有什么问题，了解后将前面的知识点又讲了一遍。他并没有责怪我，我却惭愧了好久。孙老师这种真诚的感染力，促使我不断反省、进步。

老师教授的虽然是理性思维方式，却带给我更多的感性触动，不禁深深折服于恩师的人格魅力。相信这份感动会陪伴我走过更长的人生之旅。

李清伟老师的法律课总是严谨中透出几分生趣，举手投足间洋溢着稳重。一本大红色封面的厚厚讲义体现着他备课的用心，就像一位不知疲倦的行者。

李老师的每一堂课就像一场精心准备的演讲。他很喜欢学生主动表达自己的观点，不喜欢点名。同学们发表见解时，他低头倾听，从不打断，也常鼓励。结束时他发表自己的点评。他不小看在他看来有些浅显的言行。

我很喜欢他上课，听他诚诚恳恳的建议，有如父亲般温暖的谆谆教诲。老师常嘱咐我们多看书，课上也推荐了不少书，对我来说，书的内容大多艰涩，要一遍遍反复读，看多了就能有所感悟。

老师常说大学教授应该多投入些时间在校园，给学生。他也为自己并不能完全将心思投入学校教育感到惭愧。可在我看来，这份坦诚，更让人赞赏。李老师是个有爱心的人，有机会也会去献血。他就像教育家，教授的不仅是书本上的知识，更多的是做人的学问。

写至此，两位恩师的形象跃然纸上。孙老师的格子衬衫在黄昏中渐渐拉长，愈行愈远。他灿若星辰的身影无声却鼓励我努力行走。身着白衬衫的李老师目光柔和，却饱含能量，促使我鼓起勇气越行越远。

或许我只是两位老师教授的学生中微不足道的一个，也并没有太多才华、多大成就，他们甚至连我的名字也不记得，但他们却给了我很多力量，让我受益。我敬仰他们，感恩他们。我会带着老师们赋予我的力量，努力画好人生的画卷，给自己一个满意的答复。

◎ 陈文蓉

# 喜暖耐寒，恬淡如菊
## ——记上海大学法学院李瑞老师

初见老师，她朴素的打扮、淡淡的笑容给人一种极容易亲近的感觉。她瞬间扫去了刚入专业学院的我所有的陌生感和些许不适应。伴随着清脆的上课铃声，我开始了第一节专业课，心里满满的都是对于这堂课的期待和憧憬。这是一种非常特别的开始。

再见老师，已经是第二节课了，那份标志性的暖暖笑容既不显得做作，也没有觉着尴尬，一切都是那么自然、清新和质朴。上课时，不同于枯燥无味的填鸭式教育，老师总是能给我们营造一种很轻松的氛围，将冗长的历史截取成一段儿一段儿的，然后把精华提取出来授予我们，其间还时不时地穿插一些小故事或者是与实际生活息息相关的内容，再配以她那温暖爽朗的笑声，真的一下子就把我们的注意力抓住了。但是现在细细想想却也发现，这看似轻松的课堂，实则老师在课前付出了许许多多的时间备课。在很多我们学生看不见的课后，她一定琢磨着这么讲还是那么讲比较好；或者这里要不要讲、那里好像有点啰嗦可以删去了种种诸如此类的细节，力求用好课堂上的每一分钟。

第三次见老师，我觉得已经如熟人一般了。我觉得自己打从心眼儿里喜欢这位老师了，她的温婉，她的质朴，她的认真负责……就像上海大学校园里那些成片成片的菊花，既不张扬也不喧嚣。她简简单单，认真地生活，用心地教书，但谁又能说这是平凡的呢？记得有一次，老师患急性肠胃炎入院，所以当天的课请假了。我原以为这一次课缺了就不再会补，但没想到老师尽力沟通协调，想方设法地为我们补回了落下的课程。瞬间敬仰之情油然而生，我感觉她真的超级负责任。

然而人生总也有寒冬,那种温润也只有在经历了寒冬的磨砺以后才越发珍贵。老师一路走来也经历了许多。她也会偶尔在课间提及,以过来人的经验循循善诱。她说教书也是一个逐渐摸索的过程,她也曾经历工作上的瓶颈,有时也会与领导有不同意见,在迷茫的时候怀疑到底是应该坚持还是放弃。但困难是人生的一段必经旅程,谁也无法逃避。要相信坚持下去,一定会云开雾散见晴日。

正因如此,满满当当的50节课,她一直以招牌式的浅浅的微笑,传递给我们一种满满的正能量,让人感觉温暖、阳光,就像小小的雏菊,迎着秋日的阳光尽情绽放,花香四溢,氤氲暖人。

一学期转瞬即逝。或许以后再也听不到李瑞老师的课,或许若干年后,李老师上课的内容也会变得模糊不清,甚至李老师的笑容也会逐渐淡出我的记忆,但是我相信老师这种"喜暖耐寒,恬淡如菊"的品格会伴随着我一直走下去。疲惫的时候想想老师温暖爽朗的笑声,或许我也就有了继续坚持的理由。

◎ 吕　晔

# 节华先生传
## ——记上海大学马克思主义学院 陈蕾 老师

待到秋来八九月，我花开后百花杀。彼时，正是秋菊遍野，节华满堂，余于室内潜心思索，愿借菊作喻，以笔代歌，为吾爱师——陈蕾，撰一小记。

节华先生者，陈蕾也，吾"思想道德修养"课程之良师。因其形貌清丽，品行高洁，与秋菊类属，故余假"节华"（即菊花）号之。先生曾于余深陷迷惘之际，指点迷津，荐以良策。余不胜感激涕零，谨以此文表三生之幸。

古之有云，牡丹肥而秋菊瘦。菊乃重阳之花，繁花落英之际而放，花瓣多窄长，其味甚芬芳。吾之良师节华，得以菊为号，其形貌异于常人，具豁达明理、聪颖脱世之像，正可得秋菊清瘦素爽之意。初见时，瘦身长脸，亮额高鼻，眼镜在前，卷发束后，目有威慑之光，唇带暖春笑意。熟识时，又知其常素衣披身，不喜华贵。陈师，清幽淡泊如菊却不晦避，高雅脱世如菊更添热烈。由此，节华先生之号，不虚也。

先生虽出身法科，然授课之时，不拘泥于教材，往往以实例传道，使课程生动灵巧富于变幻。且先生勤心教诲，或洞察人心，或感悟真谛，每每告诫诸学子：谨怀仁爱之心，宽心善待人己。先生常道，人本一家，应多惠助而少罪恶，多施善而少贪婪。吾每受先生感化，自以为如醍醐灌顶，心中杂念摈除。世人常以菊喻君子，徒其清高本性，余私以为，节华先生具君子之美心，故得安和之心与秋菊之清貌。

古之良师者，可拟"桃李不言，下自成蹊"。陈蕾为吾爱师，亦为节华先生，其有君子品性，古道之心，常点化弟子，曾不吝遗余良策。

一日，先生邀人诉说心路。余于南边小城而来，自不能适宜大都市之风土人情。加之，余年幼时，曾经历人祸，家道突变，坎坷不断，受挫繁多。余常敏感多虑，胆小自卑，不喜阳光。陈师课中，余斗胆登台敞开心扉，历数心中苦闷。陈师体察余之艰难困苦，几欲落泪，当即给予勉励与劝慰，并告之余，苦难亦系财富，不可妄自菲薄。此后多次，凡遇先生或课后之时，先生必费时苦心开导劝诫，每每以"自信""宽心"鼓励，言词恳切，多以亲身之事引导开化，感动非常。

后节华先生深知余莽撞，遇事急求，先生并无呵责，只屡告诫吾"万事不可苛求自身，无愧已为最好"。吾感激先生甚已。

菊如君子，如切如磋，如琢如磨，而吾爱师节华先生——关怀弟子甚已。而吾悔自身间或因作业繁多而未听其教导，今学期结束，吾甚思吾师。悔矣！

菊之魅，师之爱！愿假秋菊赞吾师。

节华先生，德高博鸿，心存明镜。吾何其三生有幸有其师！

◎ 朱　婷

# 走近"教书育人贡献奖"获得者

# 着眼大国方略,心系学子未来
## ——访上海大学社会学院顾骏老师

2017年暑期,我们对荣获上海大学校长奖的"大国方略"系列课程教学团队的核心成员顾骏老师进行了电话专访。采访中,顾老师对"大国方略"系列课程的内涵和目的进行了阐释。他认为,系列课程是老师与学生"平等交流""共同学习"的平台,同时也是帮助大学生了解国家变化、认清发展大势的窗口。

### 国家的变化决定大学生的选择

"大国方略"系列课程开课以来,在上海大学校园内广受好评,选课阶段班班爆满,课堂上学生"抬头率"甚高。对于课程受欢迎的原因,顾老师认为,不管是喜欢上课还是混学分的学生,其实都面临一个共同的问题,那就是如何安排自己。大学生活只是一个过渡,出了校门往哪里去,才是每个学生不能不考虑的。

"每个人都生活在这个国家里,国家有什么变化,如何发展壮大,决定了大学生未来可以有什么选择。现在有一门课程告诉大学生,国家今天怎么样,明天又会怎么样,大家为什么不去听呢?'大国方略'系列课程就是这样的课程,大学生愿意选择,认真听讲,积极参与互动,是很自然的。"顾老师如是说。

国家的命运与大学生的命运息息相关,关注国家变化,顺应时代潮流,大学生才能做出自己的选择，把握自己的命运，实现人生发展，这是"大国方略"系列课程给予同学们最大的教益。

## 用心看见才能深刻认识

当下大学生关注国家，也有很多渠道了解国家发展，但基于碎片化的信息来源和认知风格，在就国家发展发表看法时，他们容易失之偏颇。针对90后大学生希望也能讲好中国故事的愿望，顾老师坦言："至少在目前，90后还没到讲好中国故事的时候。大学生多年沉浸在现成的知识堆里，死记硬背，忙着刷题，对中国国情缺乏全面深刻的了解，很难讲出有内涵的故事。'大国方略'系列课程要求认识中国，不能简单地理解生活在中国，就足以认识中国。许多时候，生活只是活着，没有动脑筋，也没有睁开眼睛看世界，没有从每天所见所闻中发现中国、思考中国，这样，要想讲好中国的故事，发出中国的声音，想法是好的，但为时尚早。"

顾老师还指出："大学里有许多课程会讲到中国，但大多数时候是老师讲，同学们只管听，没有思考，也缺乏观察。今天的大学生信息来源广，未必就是见识广，更不等于体会深，单纯地看见，没用；用心看见，用脑子思考，有自己独立的观感、判断和标准，才能真正体验中国、认识中国和表达中国。"

顾老师表示，开设"大国方略"系列课程目的就在于让学生观察中国、思考中国，讲出自己的中国故事，发出中国的声音。对于课程采取的教学形式，顾老师说："'大国方略'系列课程强调课堂互动，提倡师生交流，老师虽比学生年长一些，多些思考，但是对国家的认识和对社会的体验也有局限。课堂上，老师和同学平等交流、相互影响，是一个共同学习的过程。"

## 把握中国走向世界的大势

继G20杭州峰会、"一带一路"国际合作高峰论坛后，中国作为东道主，又在厦门主持召开金砖会议，再次开展"主场外交"。以此为背景，顾老师指出："'大国方略'的重要教学目的之一是要向大学生传递一个信息，那就是中国正大步走向世界，在这个历史转折点上，中国需要处理好同世界的关系问题。'大国方略'不是一门关于'大国外交'的课程。根本上,课程希望大学生掌握一种眼光、一种本领,能对中国发展大势作出自己的判断,了解可能面临的机遇和挑战。'大国方略'系列课程的价值不在于外交一个领域,更不局限于其中细节,而在于把握世界发展的大势。"

### 了解国家,了解学校,规划自己

2017年入学的新生每人都可以收到由上海高校后勤服务股份有限公司赞助、上海大学出版社赠送的一本《创新路上大工匠》。这本书就是由顾骏老师主编,联合课程团队中十位教授一起写成的。

当被问到为何将这本书赠予每个新生时,顾老师表示,这本书与作为"大国方略"系列课程之二的"创新中国"有关。

这门课以创新为主题,希望同学们了解在这个领域国家现在处于什么状态、会向哪个方向发展,大学生可以根据国家的发展趋势来调整自己,发展自己身上最可贵的创新意识和创造能力。随着智能机器人越来越多,不用脑子、不会创造性工作的人会被逐步取代。所以,国家的需要和大学生的个人发展,交汇在一个创新点上。赠送同学们这本书,就是想让大家更好地了解人类发展前景,了解国家需要,了解上海大学强势学科和优势专业,从而让大学生更好地规划自己,把握未来,实现人生价值。

顾骏老师广泛参与社会活动,为许多党政部门提供决策咨询,还在十多家报刊杂志上撰写评论文章。他愿意将自身的体验和看法与同学们分享并作深入交流,这对身在校园的同学们大有裨益。近年来,他应邀多次出席上海大学"课程思政"教师工作坊,分享团队创新教学经验,并多次对参与课程试点的老师作面对面辅导。

◎ 张翼赛

# 前人栽树，后人乘凉
## ——访上海大学计算机工程与科学学院沈云付老师

沈云付老师荣获 2017 年度上海大学教书育人贡献奖。荣誉的背后，一定蕴藏着沈老师某些独特的教学魅力吧？采访中，记者亲身体会到沈老师的亲切。他丝毫没有传说中理科老师的刻板形象，而是用各种生动的例子向我们娓娓道来他的教书育人故事……

Q：祝贺沈老师获得教书育人贡献奖。大家都知道，这个奖是奖励给深受同学们喜爱的老师的。是什么原因让同学们如此喜欢您呢？

A：我有一个很大的特点就是随和，同学们都愿意和我交流。我开的课程都是同学们比较感兴趣的，比如说"算法设计及分析"。我在这门课程中，给他们展示了许多有趣的例子，让他们亲自去思考解决问题的方法，让他们乐在其中。我开设的另一门课程"ACM 程序设计"，对于那些数学好、对程序设计竞赛感兴趣的同学很有吸引力。这门课自 2003 年开设至今，有一定的难度，是个不小的挑战，但是课程能给予学生很多算法技巧和帮助。有趣的实例加上非常实用的算法知识，以及不拘泥于书本的教法，我想，这就是学生们喜欢我的原因吧。

Q：沈老师在教学中有什么独特的教学方法呢？

A：这几年我一直坚持着我的教学模式：老师先重点讲原理和思想，同学们课后查资料、动手实践，回到课堂大家再讨论研究。一直以来，这样的教学模式取得了很好的效果。

Q：在高校中，科研和教学一直都是两块重要的内容。若把科研比作是大树遮阳，那教书更像是前人栽树。与去年"教书育人奖"无人问鼎的场面相比，今年许多栽树者榜上有名。老师是如何看待这样的现象呢?

A:我觉得,高校应当以教育为重、以学生的培养为重。科研和学科发展的确可以为学校争得许多荣誉,在国内外的排名中起很大作用。但一所学校的声誉更多地是建立在培养的学生身上。教学和科研是一所学校前进的两个轮子,也是相辅相成、互相促进的,过分偏重科研而忽略教学对于学生来说未必是一件好事。重视教育、突出教学,这"路子"就对了。大学作为一个传承思想的场所,教学的投入势必要应该花点工夫。如果把学校比作是一块大蛋糕的话,科研和教学应均衡发展,应鼓励教师投入较多精力用于教学。我不愿意让我的学生享受不到学校那么多优质的教学资源。所以我也在尽我的努力满足我的学生,例如这次的 ACM 集训队暑期培训,我和其他两个老师一起参与其中,义务为学生成长而努力,我乐在其中。今年获得这个奖,我很荣幸,也感受到学校正在一点一点地解决教学与科研协调发展的问题。看到学校正在为这个方向努力,我很开心。

Q:有些学生,基础扎实,所以学习的时候不用十分费劲也能枝繁叶茂;有些学生前期知识储备比较薄弱,后天十分用功也拿不到很好的成绩。沈老师对这些学生怎么看待,又是怎么处理的呢?

A:主要还是要"分门别类"。在上课的时候,我的课程内容是所有学生只要肯下功夫就一定可以掌握的。对于那些学业比较轻松、有潜力的学生,我会提出一些较深入的问题引起他们的思考和兴趣,吸引他们进入 ACM 集训队参与课外的竞赛。我和其他的老师一起组织校内程序设计联赛或联合上海市的高校一起组织了许多比赛。在这里,那些学有余力的同学,在这些活动中就可以学到更多,并进一步地去解决那些常人无从下手的问题,在这其中他们的收获感会使他们继续良性循环。

Q:老师喜欢培育怎样的"幼苗"呢?

A:成绩不是最大的考虑因素,"勤奋努力"是我最看重的特质,另两个素质是"心态和毅力"。我希望学生在各个方面都可以有所发展,可以顾全大局地思考问题。我喜欢学习上过得去、思想上没有负担、考试成绩未必特别优秀但肯努力的人,特别喜欢那些知难而上、肯吃苦的同学。之前曾有好几名学生,我布置给他们很多额外任务,他们毫无怨言地脚踏实地完成了,如设计开发上海大学程序设计在线判题系统、竞赛环境搭建等。这之后，我就会带他们到更大的平台，接触更多东西，给予更多任务。心态很重要，我不希望我的学生太过于功利，只注重眼前的利益。

Q：为什么老师如此地喜欢"树人"这一事业呢？

A：首先我很喜欢教学，我听过我校许多教师的课，他们的课十分精彩，从中我学到了许多教书技巧，能教学我觉得很高兴。与学生们交流的过程中，我能接触到鲜活的"血液"。年轻人有很多新的思路、新的想法，在与他们接触的时候我感觉自己变得很年轻。与他们一起讨论最新的科技，讨论人工智能的发展，就能切实地感觉到他们身上独一无二的个性。之前曾有名学生，特别喜欢和我聊天，探讨有关问题。他毕业很多年了，至今仍然喜欢和我讨论算法问题，告知我他近来接触的新知识或新领域。这种和同学亲密接触的感觉是其他行业体会不到的，这也许就是我如此喜欢这一事业的原因吧。

Q：那您觉得老师和学校方面应当提供怎样的土壤呢？

A：学校的通识教育为学生们提供了很好的机会，开阔了知识面，拓展了视野，然而也出现了部分学生为专业分流只注重绩点，不是真正全身心投入有较高难度的课程的问题。例如我们这次的16级学生计算机入院考试，有些学生在大一时虽拿到不错的绩点，但计算机程序设计基础却非常薄弱。我觉得我们在学生培养上应当付出更多努力，学校应鼓励更多的优秀教师投入本科教学，并在学生的校内外实践环节提供更良好的环境，让学生能够扎扎实实地投入学习。

Q：老师有什么寄语留给同学们吗？

A：同学们一定要刻苦，要有良好的人品素养。同学们应有毅力和拼劲，具有良好心态，目标远大，有团队合作精神。在脚踏实地学习的同时同学们要有目标，要相信目标在坚持之后一定会达到的。同学们不能太功利，只看眼前的利益。在大学时期，态度决定一切。信心与毅力、勤奋与方法、技术和实践都是成功的重要因素。读书学习是最重要的，毕竟求学生涯是这么宝贵，希望大家珍惜在大学里的美好时光，谱写新的篇章。

◎ 刘轩廷

走近"教书育人贡献奖"获得者

# 以声动心
## ——访上海大学音乐学院王思思老师

### 严以律己,教学相长——在专业学习上永不止步

教书者必先学为人师,育人者必先行为世范。在对 2017 年度上海大学教书育人贡献奖获得者王思思老师的采访过程中,思思老师表示为人师者,需从自我做起,作出表率,以高尚的人格感染人,以丰富的学识引导人,以博大的胸怀爱护人。思思老师还娓娓道来一些在专业课堂上发生的趣事。她说,什么事情都可以商量,唯有专业课没有妥协之地。

我想,正是因为老师如此认真地对待课程以及严格要求学生的态度,方能取得现在的成绩。

### 独辟蹊径,主讲不一样的思政教育课程——"时代音画"

王思思老师作为"时代音画"主讲人之一,全身心投入课堂教学。"时代音画"属于上海大学"大国方略"系列课程之四,由音乐学院开课,在音乐厅内讲授。这是一门面向全校学生的通识教育选修课程。"时代音画"独特的授课形式让学生们眼前一亮。同步在线课程的制作中,王思思老师带领学生们编排课程节目,参与演出互动,受到了广大学生的喜爱和新闻媒体的宣传报道。她主要参与的课程有"节目单隐藏的中国文化密码""民族危亡,艺术家如何唤起中国魂""从《红旗颂》到《春天的故事》"等。除了自身倾情演绎,她还携学生团队演绎各种不同的民歌,从民歌流传的角度探讨家

国意识与民族认同。

这门属于"艺术修养与审美体验"模块的思政通识选修课，用音乐和美术引导学生认识时代，认识中国近现代史如何一路走来，破解艺术作品中的历史和文化密码，增强了学生自身的民族自信与文化自信。

### 增强民族自信，追寻"一带一路"的中国民歌课程

在全校艺术类通识课程的教学中，王思思老师参与并讲述核心通识课"中国经典音乐"。其间，她曾经为由全国政协副主席马飚带队的政协领导和无党派人士界考察团一行22位委员组成的上海大学艺术素质教育调研小组，以核心通识课程"中国经典音乐"课程内容，进行了一次公开课展示。公开课以"一带一路的民歌"作为标题，由王思思老师主讲（结合多媒体和少数民族学生现场表演），该课程受到了各级领导的赞扬，展示了上海大学全员培养素质教育的成果。

之后，"一带一路的民歌"又走进了上海大学品牌课程"大国方略"课堂，还特别受邀走进上海科技大学的艺术讲堂。王思思老师发挥个人能唱能讲的特长，加入音乐学院师生们声乐、器乐的演出，受到了广泛好评。在投入教学的同时，她还注重将教学的所获所感转化成科研成果，分别将"中国经典音乐"课程中的民歌板块和近代海派音乐两大板块的教学内容写成论文，《中国近代电影音乐与女性形象塑造》在《南京大学学报》（哲社版）发表，《丝绸之路民歌现象管窥》在音乐类核心期刊《音乐创作》上发表。

在学生们的眼里，王思思老师无论在舞台上还是在课堂中都是神采奕奕、光彩夺目的。这正源于她对专业的投入以及长期以来所倾注的精力。"对待专业要有一丝不苟的精神"，这是她常对学生讲起的话；在生活中她平易近人，对学生爱护有加。

王思思老师带领学生团队在2017香港国际声乐公开赛中获得好成绩。此后，学院掀起了出国比赛的热潮，为院内学习声乐的学生们带来开阔视野的重要契机。

王思思老师曾经多次出访国家汉办在全世界多个国家的孔子学院。除了促

进文化交流以外，更重要的是传播中国优秀民族音乐文化，这也是她肩上担当的重大责任。向当代大学生讲述中国优秀民族音乐文化，坚定大学生中国文化自信，王思思老师一直倾心力行。

◎ 项丹雅

# 用心、宽心、慧心
## ——访上海大学理学院杨建生老师

自古以来，人们对"教书育人"有着各式各样的解读，在传统的观念中，"育人"就好比"树木"，从小树苗到参天大树恰是一个"内容化"的过程。在 2017 年度上海大学教书育人贡献奖获得者——理学院数学系杨建生老师看来，这种"内容化"的核心在于明确"学生自己要成为什么样的人"。学生们将来或志在科研，或希望投身技术领域，这些选择的共性在于——这是学生本人所做的选择。因此，学生本身能否积极主动地自主学习、探索至关重要。

### 用心、宽心、慧心

"用心、宽心、慧心"的理念是杨建生老师在教学过程中始终坚持的。杨老师认为，教书育人是教师的天职。在教学过程中首先要"用心"，无论是课堂教学，还是课外辅导，都应该全身心投入，多方位思考教学效果；其次对学生要多鼓励，鼓励学生自主探索、自主发现，对学生在学习过程中出现的问题要以"宽容之心"对待，发现他们的长处，引导他们能够从"错误"中找到"真理"；另外，对待教育要有"智慧之心"，特别是在信息化时代，一个教师要充分利用各种先进的科学技术支持教学活动的开展。杨老师认为在"互联网+"思维蓬勃发展的形势下，利用碎片化的时间来学习成了潮流趋势。MOOC 等课程形式使得同学们可以随时随地进行学习。为此，杨老师在讲授"高等数学"课程期间制作了 100 多段微课程视频，发布在优酷网上帮助同学们学习；杨老师为每门课开设的微信群，不仅可以让同学们及时向老师提问，更是同学之间相互帮助解决问题的好平台；2016-2017 学年，杨老师创建的"上大数学在线"微信公众号，不光对同学们具体课程的学习有所帮助，更向同学们推介了许多有趣的数学知识和教育新闻。教学形式不断变化，课堂上的师生关系也发生着变化。对于师生在课堂上应该如何对话，杨建生老师的答案是要遵循"互动、交流、碰撞、创新"的规律。

## 坚守教学一线

在负责本科教学事务的过程中，杨老师兼顾尊重教师意愿、心系学生需求的两大原则，为学生找到合适的授课教师。

夏季学期的设置是上海大学教学制度的一大特色。自 1998 年以来，在 20 多年的夏季学期中，杨建生老师始终坚守在教学一线，除直接参与到钱伟长学院相关课程、理学院数学系的"生产实习 A"等课程教学外，杨老师还给对数学建模、数学竞赛感兴趣的同学进行指导；为希望通过考研进一步深造的同学提供咨询。

## "数模"育人

2017 年 4 月，2017 年美国国际大学生数学建模竞赛（MCM）与交叉学科建模竞赛（ICM）成绩公布。上海大学在此次竞赛中共获得 1 个特等提名奖、6 个一等奖、24 个二等奖。特别可喜的是，由理学院数学系与钱伟长学院学生刘沛榕、吴雨沁、周书兴组成的团队在数学系白延琴教授的指导下获得了特等提名奖，这是上海大学有史以来在美国数模竞赛中获得的最佳成绩，填补了学校此奖项的空白。

如此成绩的取得与上海大学近年来的"数学建模热"密不可分。自 2011 年以来，杨建生老师一直担任"数学建模社"的指导老师。当问及如何指导学生参与竞赛时，杨老师很谦虚地说："指导数学建模的过程真正体现了'以学生为主角'的翻转课堂理念，是学生们本身的努力在起关键作用。"杨老师感受到，要想让同学们在数学建模中感受到乐趣，乃至取得好成绩，必须要相信学生的能力，调动学生学习的积极性。

**与子同行**—— 倾听学生的声音

上海大学数学建模竞赛组织工作一直通过"数学建模社"来实现，因此通过一种连贯的、可持续的组织机制来使得这项工作顺利延续是十分重要的，杨老师与"数学建模社"社团负责人每年都会选拔出一名新的负责人，通过"师徒带教"的方式，来实现这种"连贯可续"的机制。除了机制的"连贯可续"，在数模活动组织形式上坚持"理论与实践结合"的方法，精心组织各种数模竞赛活动，包括年均30余场校级、市级数模讲座以及两次校级"实战训练"。通过这些活动有效激发学生参加数模竞赛的积极性，为学生取得好的成绩奠定基础。数学建模对于如何应用数学给出了一个答案，而数学的应用势必涉及各类学科的内容，杨老师始终提倡让数学系的同学们与来自经济学院、计算机工程与科学学院、社会学院、通信与信息工程学院等院系的学生搭档参与竞赛，这样便从组织层面上保证了数学在各个学科中的应用，也大大提升了数模教育在各院系中的高覆盖率。

滔滔课业，莘莘学子，于世无奇。唯有如此扎根于学生，如此坚持于教学，如此倾情于数模指导，才能深得数学之机巧、育人之韵律。杨老师的事迹让人敬佩不已。

◎ 朱守哲

# 言传身教，育人有方
## ——访上海大学机电工程与自动化学院盛建平老师

### 为人师表，以德育人

盛建平老师克服自身已经重负的教学任务，承担了由于老教师退休产生的教学工作量，发挥自己的各项才能，保质保量地完成教学任务。他的工作表几乎每天都安排了专业课程，时常一天中，他必须要在宝山、延长两个校区来回奔波，给不同年级的工业设计专业的学生们上课。忙忙碌碌的他，甚至有一次错记了上课的时间，提早两节课来到教室等待上课。

尽管授课任务繁重，但盛老师却非常用心地备好每一节课。据学生们回忆，每一堂课，盛老师从上课铃响起至下课铃响，其间从来没有停顿的时候，一直声音洪亮、热情洋溢地给同学们讲课，并且他讲述的内容也丰富多样，充满趣味性。他不单单只是讲授书面的理论知识，更多的则是分享他的人生经历、工作经验。因此，他的课堂给人的感觉是活力、乐趣与智慧并存，学生们的听课热情也尤其高涨。记忆中的一个冬日，盛老师牙疼得厉害，却仍然坚持来上课。讲台上，他一只手捂着疼痛的腮帮，一只手拿着粉笔在黑板上写字，评价同学们的设计作品，提出修改建议，他的敬业精神让人非常敬佩。

对于设计专业人才教育，盛建平老师有独到的方法与见解。他认为，求新求变是设计的魅力，也是设计教学的特征，因此，多年来他几乎都在探索研究符合现代设计意识和时尚潮流的教学模式，并不断更新教学内容。比如，"设计表现技法"课上，他的教学方式标新立异，让学生按照他的教学模式大胆地练习手绘，他在一旁指点迷津。对于较差的硬件设施，盛老师并没有悲观消极对待，而是想方设法地为学生们创造条件并改善环境。例如，学生们人手一个的画板就是他"废物利用"的成果。他教学生自己利用废弃的发泡展板剪裁粘合制成的画板，轻巧方便易携带。再比如，在"材料与工艺"课程上，他建议学生到市场上调研材料的背景，用事实说话，将理论结合实践，给学生感性的认识。

## 化旧为新，变废为宝

在教书育人方面，盛老师有其把握的侧重点。他认为，对于新时代学生书面的东西学得多、实际动手能力差的现象，应鼓励学生积极动手动脑，培养在实际制作中发现问题、思考问题和解决问题的能力，这样才会更好地支撑未来的设计工作。同时，他积极配合学院及系里做好教改工作，努力完善实验室建设，为实验创新提供支撑并维护日常安全工作。他耗用大量的业余时间有条不紊地做完三个实验室的搬迁工作，确保不影响实验教学的有序进行。在授课方面，盛老师坚持把最新的资料带进课堂，用鲜活的案例解析设计要义，有计划地把设计心得整理成课程讲义，为编写设计类新教材、构架提纲充实内容。

比如实验课堂上，盛老师鼓励学生自己动手，学会如何运用各种设计工具。对于条件落后的实验室，他鼓励大家化旧为新、变废为宝，充分挖掘学生们潜在的设计才能，不断提高学生们的设计素养。他还充分利用人脉资源，联系国外教授讲学为学生们开阔眼界。

## 兢兢业业，平易近人

盛老师重视学生的思想素质教育及人格培养。他与学生进行经常性的沟通，对毕业生提出的职业咨询进行有效的分析和解答，积极指导研究生的文化学习并关心他们的日常生活，期待学生踏上社会后能具有独立的人格、正确的三观，在设计能力和技术上因有实力而自信。平日里，盛老师经常与学生们侃侃而谈，如朋友般分享社会经验、人生哲理。

盛老师兢兢业业做好教师的本职工作，成为学生们的良师益友，他的教学成果十分丰硕。他辅导上海大学生科创项目（市级）1项；指导学生撰写相关论文4篇，其中2篇已经发表，2篇已经被通知录取。他还承担横向科研项目3项，发表教学研究相关的论文2篇，提交申请国家发明专利1项（已受理）、实用专利1项（已受理），辅导学生参加市教委组织的设计大赛并获得良好成绩。他已经出版与设计专业相关的教材7部，另有两部已经列入出版计划。

虽然工业设计专业是学校的小专业，学生只有几十人，但盛建平老师依旧恪尽职守，他为人师表、循循善诱，以积极向上的态度教书育人，以"老骥伏枥、志在千里"的个人魅力，感化着一届又一届的学生，成为学生心目中优秀教师的模范代表。

◎ 黄美婷

与子同行——倾听学生的声音

## 学生眼中的"智慧姐姐""知心姐姐"
## ——访上海大学悉尼工商学院甘丽凝老师

2017年上海大学教书育人贡献奖获得者甘丽凝老师是一位温柔知性的老师。她亲切和蔼，私下里我们都叫她"甘姐"。

甘老师在课堂上是一位"智慧姐姐"。她每次上课总是精神饱满，备课充分，她能将会计学、财务管理等枯燥、乏味的知识点，结合现实工作和生活中的例子进行分析，以化繁为简似的方式传授给我们，帮助我们理解和掌握。

例如在学术前沿课上她会以科学的逻辑思维为引导，让我们通过阅读、报告和讨论文章，领悟严密的逻辑思维；在会计学课上她以思维导图形式，让我们掌握烦琐和复杂的会计业务处理方法。不同教学方式的结合，让我们有"拨开云雾见明月"的感觉。甘老师不但自己投入教学和学术研究，还会把研究中的前沿问题和热点案例带进课堂，让我们接触到"高大上"的科学研究。我们的学习也不再是简单的死记硬背，而是灵活地将知识融入现实生活中得以升华，为我们未来的工作打下坚实的基础。课堂上，甘老师会鼓励我们从多角度思考问题，启发我们思路，锻炼我们的会计思维；课堂外，她会给我们提供丰富的音频视频教学资料，让我们课后也能像在课上聆听老师的讲解，例如在财务管理课上，她引进MOOC模式，采取"线上线下"相结合的教学方法，帮助我们解决财务管理复杂和综合的问题。

甘老师在课堂外是一位"知心姐姐"。生活中我们遇到困难经常会找甘老师，她总是牺牲自己的休息时间耐心地帮我们答疑解惑。我们准备考研时，她会给我们介绍不同学校会计学科的特点，讲解复习重点和复习方向；我们准备出国时，她会给我们引荐学长学姐，提前让我们了解国外的学习情况；我们准备就业时，她会给我们介绍不同就业方向的现状、要求和未来前景；我们学习上遇到问题时，不管是不是她带的学生，她都会耐心地辅导；当我们生活上遇到困惑时，她会睿智地引导我们，让我们充满自信，积极乐观地对待现实中的困难，把握正确的人生航向。

甘老师每天挤出时间学习，坚持做到"活到老、学到老"，她平和的心态和积极上进的人生态度一直激励着我们。她的付出也得到了回报，她的学生都取得了骄人的成绩，或进一步深造或找到了理想的工作；她连续三年以教学上第一名的成绩获得悉尼工商学院"教学质量提升奖"；她的研究课题获得2016年国家自然科学青年基金项目。

师爱是巨大的、神圣的，它凝聚着教师无私奉献的精神。甘老师用她的师爱灌溉我们的智慧土壤，开启我们的心灵之窗。她不仅仅是我们的"智慧姐姐"，更是我们的"知心姐姐"，愿她永远年轻。

◎ 罗　新

与子同行——倾听学生的声音

# 真诚"建筑"育人之路
## ——访上海大学上海美术学院李建中老师

在教师节到来之际,我们对2017年度上海大学教书育人贡献奖获得者——李建中老师进行了专访。我们被已在上海大学从教21载的李建中老师的个人魅力所深深折服。他待人真诚谦和,对待学术一丝不苟,给我们留下了深刻印象。

### 因为热爱,从一而终:建筑生漫漫求学路

李建中老师曾就读于同济大学建筑材料专业。本科学习期间,他学业优异,掌握了较为扎实的专业基础知识。然而他不满足于此,对建筑学的热爱,驱使他毕业后重返母校继续求学。回想自己当年的决定,李建中老师不假思索地说:"踏入建筑这一行的门槛后,我就想要在这一领域不断钻研,建筑学专业本身于我具有独特意义,所以这一路我从未犹豫。"

李建中老师是幸运的。因为热爱,面对多种多样的专业门类,还是学生的他选择了走进建筑学的知识殿堂。因为热爱,他得以在建筑设计领域里几十年如一日地挥洒热情,贡献才智。从教期间,李建中老师也将自己对专业的热忱传递给了学生。他教授的课程"不仅能够培养学生的实践操作能力,还能提升艺术鉴赏能力"。建筑学是一门既须动手更须动脑的学科。

### 辛勤灌溉,立德树人:只为培养合格建筑师

这些年,李建中老师一直秉承"培养综合型人才"的教学宗旨,期望能够让学生们在有限的学校教育中,通过系统和规范的学术训练培养专业兴趣,以

实际工程需求为导向选择课程，提升理论和实践水平，逐步打牢专业基础，争取为国家和社会培养更多合格的建筑师人才。

访谈过程中，李建中老师多次提到自己与学生合作进行的项目研究。在他看来，与学生交朋友是教书育人中的一大乐事。"每次与学生相处、共事，我都能感受到自己变年轻了。"李建中老师笑了笑说，"特别是在指导学生做毕业设计时，得益于较高的教学自由度，我常常能与学生进行平等、真挚的交流。"

李建中老师目前在上海大学开设的课程，涵盖了本、硕各年级的学生。不同学段和年级的学生，学术兴趣和关注焦点千差万别。为了在不同的课堂上都能与学生进行有效沟通，他选择在备课时给自己"加作业"——关注不同年龄段学生的学习需求和兴趣爱好，并在课堂上与学生进行分享和探讨。李建中老师表示："我喜欢和学生在一起，我个人求学路上的磕磕碰碰，也都会说一说，时代虽然不同，但也总有值得学生借鉴和规避的。"

## 放眼世界，步履不停：优秀作品献祖国

除了课堂教学，李建中老师本人主持了不少科研项目，兼顾大量设计维护和评审顾问方面的工作，因此，睡眠成了他用时最多的"休闲项目"。

为做好这些工作，李老师在自己所在的领域内投入了大量时间和精力。他的半生光阴，都献给了自己热爱的建筑事业。提及自己的"老本行"——历史文物建筑修复，李建中老师的双眼变得炯炯有神，他告诉我们："在文物修复过程中，我们着重关注其使用功能和原真性保护。即便是通过目前发达的技术，要想把文物完全恢复成原来的样子是不可能的。要想'延年益寿'，关键是把握更新的程度，保护好原有形式，而这需要运用到大量建筑学、材料学和历史学的知识。"

求学不止，即便作为一名资历深厚的建筑维护专家，李建中老师也从未停止与世界先进建筑学技术接轨的步伐。在社会和学校的支持下，他通过与世界顶尖的原创设计团队合作，在上海、南京等地顺利完成了多项科研项目和作品，得到了学界和业界的高度认可。

**与子同行**——倾听学生的声音

访谈即将结束之际,我们问了李建中老师一个问题:"在教师、工程师、建筑维护专家中,您更倾向以哪一种身份定义自己?"听了我们的问题,他笑了笑,并告诉我们他的选择——教师。也许,尽管李建中老师知道对于保护历史建筑的热爱已经融入他的血液,但教书育人,不断地在建筑学专业的大地上默默耕耘,为国家富强和社会的高速发展培养一批批合格人才,才是自己肩负的最重要的责任。

在过去二十余载的光阴里,李建中老师秉持着"工匠精神",为一代代建筑学子点亮求学的明灯,为一座座历史文物建筑复原昔日的辉煌。我相信,正是因为有着李建中老师及其学子的坚持,中国建筑学的未来将更加美好。

◎ 陈殊清

# 师者如兰,香远益清
## ——访上海大学音乐学院李芸老师

### 静心教书,潜心育人

李芸老师从 2005 年来上海大学工作至今,先后承担过十多门基础课、通识课、选修课的教学工作。上海大学的音乐专业从无到有,从一个系发展壮大到一个专门的学院,作为第一批音乐专业教师,李芸老师付出了许多心血。

她说:"教师不仅是职业也是事业,要凭良心去上课。只有努力丰富自身的知识体系,努力备好每一门课程,才能呈现给学生最精彩的课堂!"静下心来认真教书,是她多年来一贯的坚持。

作为一名理论基础课的老师,在学业方面李芸老师有着很严格的要求,学生们都知道达不到要求是没有商量余地的。但她也常对学生说:"不论你起点如何,我只看到你的进步。"她鼓励学生克服困难,超越自我。音乐的学习需要一些天赋,学生的个人能力参差不齐,看到一些能力弱、基础差的学生在课堂上听唱都很吃力,她会安排他们在晚自习或其他时间补课,帮他们找到适合自己练习的方法。每年春季学期课上举办音乐会,她鼓励能力弱些的学生也上台去唱,不放弃他们,不让他们在一门课程中失去自信。

除了认真"授业",她也会去"解惑"。一年级同学刚从高中进入大学,多多少少会有些迷茫,李芸老师会主动跟他们聊一聊大学是怎么样的,如何选好课,作为一名艺术类学生应如何利用上海大学这样一个综合大学的优势,希望他们不要画地为牢,要为自己四年后规划愿景。她关心课堂上每一个学生的状况,有的学生上课走神,精神萎靡,下课后她会去问问最近怎么了。她关注学生的发展,提醒他们大二就要考英语四级;艺术类学生文化课基础薄弱,要早点补课;要多去听听其他学院的课,丰富自己的知识;等等。她说:"老师要有仁爱之心,课堂上我是'师',下了课我是'友',别看他们外貌上是大人,心里面还是孩子,要像父母一样关心他们,帮他们排忧解难。"李芸老师就是以这样的真情实意让学生把她当作可以信赖的人和有事情可去商量的人。

## 探索教改,鼓励创新

李芸老师认为,当前形势下教师不能故步自封,得更新自我,要探索创新。她不拘泥于传统的教学模式。在教学中她不断探索课程改革,提倡培养复合型音乐人才,教学理念更注重学生综合能力的提高。她主持的本科教学教师激励计划"上海大学综合改革课程项目"获得学校A类支持。她探索了一种"学中演、演中学"的多元教学模式,使学生的知识能力、综合素质、自主学习能力都有所提高。

她还撰写并发表了教改论文,先后举办了"律吕咏正声 八音唱相合"——音乐学院视唱练耳课程音乐会、"上海之春"素质教育成果展示周——"好音知时节当春乃发声"视唱练耳讲座音乐会等数场课程音乐会,让学生走上舞台锻炼实践能力。

她不仅自身探索教改,也鼓励学生大胆实践创新。她先后担任过6个"大学生创业创新项目"的指导教师,其中"嘉定校区的音环境设计"等市级项目成果显著,获得了很好的评价。她积极组织学生去申报项目,从选定课题、梳理流程到设计方案等都悉心指导学生。她鼓励学生大胆想象,支持他们跨学科实践,用实际行动践行"自强不息"的校训精神。

## 做弘扬中华优秀传统文化的践行者

李芸老师身上有一种浓浓的典雅气质。她是西安人,从小就受到中华优秀传统文化的影响,留学日本的经历更让她坚定了弘扬中华优秀传统文化的信念。无论在哪一个课堂,她都不遗余力地让学生去了解、体会中华传统文化,坚定文化自信，增强文化担当。

在"视唱练耳"的课堂，她特别重视中华民族的"母语"——民族民间音乐及具有中国特色的创作音乐的教学，培养和树立学生中华民族音乐的"母语"意识，构建民族音乐的教学模式。

她走进上海大学"大国方略"系列课之四——"时代音画"的课堂，为学生讲解中国传统音乐的审美，讲解我国近代"革故鼎新"的音乐之路，让来自不同学院的学生感悟中国优秀音乐文化的魅力。

她举办讲座，让学生了解中国传统音乐美学思想；她指导学生的毕业论文多以传统音乐的研究为选题。多年的努力与坚持，她和团队以《对音乐类非物质文化遗产保护与研究的教学成果》获得上海市教学成果一等奖。她说："不能把弘扬中华传统文化当成口号喊，要让学生真正了解它、尊重它，才会去爱上它。"

没有激情澎湃的豪言，只有语重心长的教诲；没有惊天动地的壮举，只有默默无言的坚持。师者如兰，李芸老师以真心诠释了责任、爱心和奉献，如兰之芬芳，香远益清。

◎ 郝锐杰

与子同行——倾听学生的声音

# 师心,师迹,师古人,师造化,当师则师
## ——访上海大学机电工程与自动化学院崔泽老师

最初认识机电工程与自动化学院精密机械工程系的崔泽老师,是在"精度设计"的课堂上,我加深对崔老师的了解是在参加 2017 德尔福派克大学生设计竞赛过程中。崔老师因深入浅出、条理清晰、幽默风趣的讲课风格受到同学们的广泛好评,他开设的课程也屡屡成为学生们选课时争抢的热门。竞赛过程中,崔老师总能自然地把实际生产中的问题和课堂上的理论知识相互串联,让我们恍然大悟。崔老师性格爽朗、谈吐幽默。我一直钦佩于崔老师的教师风采,在白露已临、秋意渐浓的教师节来临之际,我终于如愿采访了崔泽老师,希望能将在一线课堂上默默奉献十多载的崔老师更为生动、全面地呈现给大家。

崔泽老师从哈尔滨工业大学博士毕业后就来到了上海大学,成了一名大学教师。谈及自己对教师这个职业的见解,崔老师强调了"热爱"这两个字的重要性。经过多年的教学工作,他发现教师只有热爱教学工作,才能主动关注教学效果、改进教学方法。教和学是一对矛盾体,随着学生的素质、能力以及个性的不断增强,教学方式也要从过去的填鸭式教学过渡到现在的启发式教学。在他看来,教师要能够通过教学工作激发学生的求知欲望,最好是能够通过自身的人格魅力来影响和感染学生。谈及自己的讲课风格,崔老师轻松地说他课堂讲课的原则是,课堂内容不光自己感到满意,更要让学生感到乐趣十足,不然这个职业于他而言会少了很多意义。他谈到有时候老师们会认为自己讲课很好,但学生们不爱听。究其原因,一方面客观上由于工科课程设置偏于理论,

较为枯燥；另一方面也是老师们对当下学生的整体性格特点、学习方式和接受能力不够了解。如果换位思考，从学生的角度去思考如何备课、授课，效果会好很多。

多年的教学经验让他意识到学生对讲课风格的接受度越高，对教学内容也更容易理解，所以他平时会更注重相关教学素材和热点事件的积累，让课堂变得更加有趣。当然在教学效果上，教师不仅要关注学生解决问题的能力，更要关注学生提出问题的能力。"教学相长啊！"崔老师不无感慨地说道，"现在的学生脑子灵活、创新意识强，无论是备课还是授课，他们都给了我很大的启发，我也要不断学习，才能跟得上他们的步伐。"

除本科生教学外，崔老师也承担着研究生的培养工作，他将研究生培养和科研项目紧密结合。在科研项目中，崔老师侧重实际工程问题解决方法的研究。他说这些实际工程问题非常适合硕士研究生的能力锻炼，和他们毕业后的工作岗位及工作内容直接相关。崔老师也乐于让一些具备独立分析能力的本科生加入他的科研团队，既扩大了本科生的专业知识视野，也给研究生们提供专业知识指导的机会，通过换位思考，能更好地促进研究生领会导师的指导方法和培养目标。谈及如何培养研究生时，崔老师说研究生和导师相处时间很多，导师的工作方式和为人处世原则都会影响学生，所以导师在整个培养过程中，除了有导师角色定位和完成专业技能的传授外，也要有朋友角色的定位，注重学生的情商培养。比如有些学生由于个性问题，遇到困难或瓶颈问题时，只顾闷头发愁。其实遇到问题学生应该及时跟导师和同学交流，大家一起讨论可能会产生新的灵感。所以他经常和学生平等交流沟通，也敢于在学生面前否定自己，让学生愿意说出观点、说出问题。

在工作之余，崔老师也会学习教育学、心理学和计算机方面的相关知识，不断给自己"充电"。他坚持以学生为中心，以教学效果为导向，不断提升授课质量，他也热心为学生的科研、学业、职业规划提供帮助。在采访的最后，崔老师也亲切地为同学们送上祝福："希望大家对自己的学习生活和职业生涯有清晰的规划、明确的目标，学业进步，前程似锦！"同时又不失风趣地自嘲道，"我挺喜欢给学生'灌鸡汤'的，看到他们快乐又充满希冀的眼神，我能体会到自身的一份价值！"

"师心，师迹，师古人，师造化，当师则师。"崔老师一直把这句话当作自己人生的座右铭，勉励着自己，也勉励着他的学生们。

◎ 刘赫男

## 不忘初心，勉力躬耕
### ——访上海大学悉尼工商学院吴茂国老师

### 勉力躬耕的"超级劳模"

吴茂国是上海大学悉尼工商学院经济金融系的一名优秀青年老师。采访时吴老师有一段话给笔者留下了深刻印象："师者，传道授业解惑也。我景仰和热爱教师的岗位，愿以毕生的心血践行古训，用心传道，用情授业，用爱解惑，做一名合格的园丁。"在悉尼工商学院从教四年来，他用一串闪光的足迹践行着自己的诺言。

单以全年课堂教学量这一硬指标而论，吴老师毫无争议的是悉尼工商学院的"超级劳模"。你不信？我们来看一看数据吧：在悉商学院工作的四年里，吴老师从大学生学习导论课程到研究生课程，共先后承接了15门专业课，每年授课均超过70个教分，总工作量超过100个教分，最多时一周上34节课，连续四年获得年终考评优秀。一周上34节课，平均到5天内，每天超过7节课！这样的工作量，从不以减损上课质量为代价，依然获得广大学生的高度好评，这一切的背后，凝聚着吴老师多少心血，意味着吴老师多么惊人的付出，应该是不言自明的吧？

在如此巨大的教学工作量下，我们很少见到吴老师闷闷不乐，他常年以爽朗响亮的招牌笑声示人。这是为什么？他对教育岗位满怀崇敬之心，勉力笃行为人师者之道，恐怕是唯一可以解释的原因。采访中，我们发现，每一个熟悉吴老师的师生都认为，吴老师对教师岗位真可以用"挚爱"二字来形容。从任教的第一天起,吴老师的精神状态总是那么饱满,对每一门课都是那么热情投入,如果没有那一份对教育事业的虔诚,没有对教师岗位的高度尊重和对学生的真诚挚爱,这些都是无法想象的。师生们谈到吴老师,总是赞誉有加,无不深深地为他的敬业精神感动。

### 教学达人挑战科研高峰

作为名副其实的教学达人,吴老师在科研方面也不甘人后。他利用自己的专长,将科研与丰富的教学实践经验紧密结合,取得了可观的治学成果。

吴老师授课注重深入浅出,善于广征博引,习惯用事实例证,特别在构建数学模型用以解析理论方面有独到之处。他的授课,得到中外学生(吴老师英语水平一流)的一致好评,每学期教学评估稳居全院前十,也得到了院系领导的信任。四年来,他先后参与了上海市精品课程"经济学1"、悉尼工商学院院级课程项目"中国经济"建设;参与了悉尼工商学院"经济课程群建设"项目改革,并作为主要参与人参加了悉尼工商学院"Pathway学位班学生英语桥梁课程"项目建设,主持了学院"中国经济"课程建设项目和"经济学导论"课程改革项目。他还代表学院参加上海大学青年教师教学竞赛和上海大学教学论坛"如何上好全英文授课课程"教学展示;他还发表专业论文17篇。他用一名年轻教师的博学笃行、慎思明辨,诠释着"有志者事竟成"的内涵。

### 捧心而来,不带草去

吴老师痴迷于教育事业,对育人工作付出一腔真情,到了殚精竭虑、废寝忘食的地步。采访发现,吴老师在学生中的口碑极好,被公认为真正的良师益友,被很多喜欢搞怪的95后学生戏称为"吴爸爸"。年纪轻轻,被称为"爸爸",是他用一片真心换得了广大学生的真情。

吴老师努力把"传道、授业、解惑"贯穿于教学的始终,力求把"格物明理、致知做人"的正能量渗透到课堂内外。四年来,不管是教室、办公室,还是图书馆、校园,都是他和学生交流的场所;课后乃至夜间,常见他的办公室灯火长明，常有学生找他请教，他总是有求必应，乐此不疲。尤其当他接受了学生论文和指导专业竞赛的任务后，更是全身心投入。从课题设置开始，他就进入一种冲锋陷阵的状态，根本停不下来。夜深了，他还在和学生耐心讨论；放假了，他还留在学校从事研究。他在教育事业上追求完美到了痴迷的地步，双休日顾不上休息，假期也顾不上回家。

耕耘和收获是成正比的，吴老师当然也不例外。由于他严把论文质量关，从全局到细节均严格要求、细心打磨，经他指导的学生论文，每年都有荣获校级优秀毕业论文。2016年，他指导的10篇毕业论文全部获得院级优秀，创造了一个崭新的记录。2017年，他指导学生获得上海市创新创业项目市级立项。"捧着一颗心来，不带半根草去"，吴老师用他的实际行动真正做到了这一点！

不忘初心躬耕苦，桃李芳菲慰园丁。幸福莫过于从事着自己热爱的事业，并且看到自己的事业蒸蒸日上。祝愿风华正茂的吴老师继续在快乐中全情教学，继续在科研中收获快乐，教学科研双丰收，为祖国培养更多的栋梁之才。

◎ 余 跃

## 勤研苦思,擎旗奋进
### ——访上海美术学院李谦升老师

#### "标准技术宅"

李谦升,是上海大学上海美术学院设计系数码专业的一位青年教师。初见李谦升老师,便有一种书香气息扑面而来。言谈举止之间,更能感受到他稳健善言、不事雕琢的性格。

他笑称自己是"标准技术宅"。他本科和硕士均在上大就读,分别学习计算机和人机交互专业。如今,他则一头扎进信息和数据可视化的"码流"里。在这个走在时代科技前沿、实践操作性强,又对基础学科能力要求颇深的专业里,十多年的学研时光,他留给世界躬耕勤勉的背影。

"对着电脑,在数据中'爬'着'爬'着就是一整天,这是常有的事。"刚刚结束上海市公共数据可视化门户网站设计工作的他如是说。

#### 精力充沛的学科领头人

担任上海美术学院信息与交互设计工作室的负责人以来,技术工作对李谦升而言早已不再是一个人的埋头苦干。更多的时候,需要的是一个团队的群策群力。

近年来,作为学科领头人,李谦升带领的信息与交互设计工作室,以平均每年2-3次的频率,出现于国内外各大颇具影响力的学界竞赛中,并且屡获佳绩。

2016 年，曾获上海开放数据创新应用大赛种子奖（第 6 名）；阿里巴巴"公益云图"可视化大赛优胜奖（前 10 名，共 904 支参赛队伍）；2017 年，曾获上海图书馆开放数据应用开发竞赛入围奖、最佳人气奖（前 10 名）；

除此之外，参加与举办学术会展，也是他所重视的工作。

2017 年的 9 月 29 日至 10 月 8 日，在上海刘海粟美术馆刚刚举办的"智·未来——2017 中国信息与交互创新设计邀请展"便是由他牵头、由上海大学上海美术学院承办的。会展吸引了诸多在机器智能行业处于领先地位的院校和企业的热情参与。

李谦升说："学术会展是一个同行业之间互相交流、共同提升的好机会。现在自己身边的领域都已经在讨论机器学习，而且更有意思的是，不同的人使用数据和智能的方式各有不同。所以我们这次策展的目的就是想让不同领域的人把自己研究、创作的东西拿出来，相互看看大家都在干什么，都是怎么干的。"

## 斜杠青年与人民教师

当我惊羡于李谦升老师在科研工作者、工作室负责人、策展人等多重身份之间的完美切换时，他却笑着说："不管身上贴着多少标签，我最主要的一个身份，当然还是老师。"

教学作为他的主业，在他眼中始终是自己最重要的职责。在学校里，他目前主要开设的课程有"动态构成""智能硬件基础""数字媒体"和"大空间交互设计"。对于信息交互设计专业来说，课堂上的传道授业只是整个教学环节中的一个部分，更多时候，他要在工作室里面对各个实操或竞赛项目，手把手地带教学生。同学们通常在大三下半学期就会进入工作室学习，除了期末作业和毕业作品，愈来愈活跃于各大可视化竞赛平台，这也促使他们会花费大量的时间和精力投入高强度的技术研究和产品设计中去。

"科研工作容不得半点马虎。"他常常会向学生强调严谨细致的钻研精神的重要性，而这，或许也就是李谦升工作室缘何能在短短几年里带领学生团队在业内竞赛中崭露头角、初放光芒的原因。此外，李谦升还说，信息设计行业

**与子同行**——倾听学生的声音

除了需要严谨和强大的执行力,学生思维的开阔性亦是非常重要的素质。思维开阔,不仅要求同学们产品设计的思路能不断推陈出新,也促使他们不把眼光仅仅局限在单一的小学科范围内。信息设计行业学科覆盖面广,学生往往需要打破不同学科的思维之"墙"。

今年是李谦升在上大任教的第十个年头,回顾这些年来的教学和科研经历,他觉得自己走得还算比较顺利。十年以来,目睹信息智能行业的更迭趋势越加明显,他更添一分面对未来的敏锐洞察力;身处美院信息交互教研的关键岗位,他决心要在今后的时光里,带领一批又一批的美院学子再创佳绩。

◎ 石振宇

# 亲其师方能信其道
## ——访上海大学悉尼工商学院刘焱老师

### 育观念与时俱进

刘焱老师是上海大学悉尼工商学院财会系教师,悉尼科技大学访问学者。

刘老师在教学中很注重教育观念的更新和转变,真正做到与时俱进。她常常说,教师只有具有全新的教育教学观念,才能在教学中不断进行改革和创新,才能以良好的素质去主动适应并深入开展生机勃勃的个性化教育和素质教育。针对95后学生的整体性格特点和社会对这一代学生的现实要求,她的教学始终着眼于培养学生的创新意识、创新能力,发展学生良好的个性品质和实践能力。

她创新多元化的课堂教学,这一教学模式高度尊重学生的主体地位,一反传统教学的"满堂灌"。刘老师在课堂上通过引导、点拨、讨论等多种形式,让学生变"要我学"为"我要学",激发学生的学习欲望,从内心需要出发忘我地参与到教学活动中来。而这对于一般认为的比较枯燥乏味的会计学课程教学是至关重要的。课堂教学实践证明,刘老师教育观念的更新对于实际课堂效果和学生培养质量是切实有效的。

### 紧密联系实际的课堂教学

如何把难度较高、令很多学生望而却步的"会计学"课程上好?刘老师着实花费了很多心血。毋庸讳言,如今不少学生在很多课堂上喜欢自行其是,埋头玩手机的有之，拿个平板电脑上网浏览的有之，交头接耳不认真听讲的有之。怎样杜绝此类情况？光靠简单强调课堂纪律，反复强调课程知识的重要性，或者高高悬起挂科红灯的警告，都不是治本的好办法。任何时候如果你进入刘老师的课堂听课，会发现她的课堂气氛非常好，绝大多数学生都在老师的引导下聚精会神地投入教学互动之中。她是如何做到的呢？

把看似枯燥乏味的理论课程，同鲜活生动的日常经济案例、金融新闻有机结合起来，是刘老师的制胜法宝。刘老师在课上使用大量上市公司的案例与学生分享，不仅化枯燥为有趣，调动了学生的求知欲，同时也拓宽了学生的专业知识面和社会认知的广阔度。比如，在讲到股权结构的知识点时，刘老师便跟学生分享当时正闹得沸沸扬扬的事件"万宝大战"的来龙去脉，使学生对案例的理解并不仅仅停留在表面，而是深刻认知会计学专业知识对公司治理的重要性，激发学生认真学习的内在动力；又如，看到学生在使用淘宝网，刘老师便同他们讲解为何中国的互联网公司会跑到海外上市，除了在海外上市壁垒较少以外，她还从公司控制权的角度，结合不同国家的资本市场特点分析互联网公司海外上市的优劣。这些生动鲜活的案例，把学生们迷住了，他们第一次发现看似枯燥乏味的理论知识背后，有着这么多有趣、有用的东西，值得花时间、花精力认真学习。课堂上，师生相互交流，其乐融融，共享学习的奇妙乐趣。

## "走道式"教学模式

"会计学"毕竟是一门难度相对较大的课程，不是用点小聪明就能应付得过去的。如何尽可能帮助学生循序渐进、由浅入深地步入理论知识殿堂，刘老师殚精竭虑，苦思冥想，创造了独特的"走道式"教学模式。

刘老师在教学中全情投入，善于把控课堂节奏，把握重点。她的课堂节奏一直是平缓的，从不为赶教学进度而把知识点一笔带过。难度小的知识点点到为止，而遇到难度大的知识点时，刘老师则充分显现了东方女性温婉柔韧的性格特点，扎硬寨、打硬仗，讲得缓慢，重复练习，因此，学生们普遍表示，跟着刘老师学会计学，并不感觉特别吃力。为了检验学生对知识点的理解是否到位，刘老师注重化被动为主动，强化学生课堂体验，在习题课上她穿梭于教室之中，看到学生犯错较多的问题就反复讲解，这种"走道式"的教学模式，变"学生走上来问"为"教师走下去答"，原本不喜欢、不习惯或不好意思找老师提问题的学生，也有机会很轻松、很自然地与老师互动交流，课堂上的问题不带到课下后，学习效率大为提高。

## 课后的良师益友

课堂教学要兼顾全体学生，一部分对会计学有钻研兴趣的学生并不满足于课堂教学的内容。刘老师不辞辛劳，利用课后时间，继续进行着热情投入的育人工作。她在课后有计划地针对会计专业有兴趣的同学进行深入辅导，带领他们进行案例调研，帮助学生知晓获取公众公司信息的渠道，掌握查阅年报的能力，在权威网站上获取上市公司的公告，使学生不仅对会计学理解得更加深入，并对会计专业产生更加浓厚的兴趣。老师也会在课后与学生分享会计专业的从业情况，考取相关资格证书的特点、难易程度和适用情况，国内外资格证书之间的互通性等。经刘老师的轻轻点拨，同学们的思路清晰了很多，也逐渐有了自己努力的方向。

亲其师方能信其道。要让学生信任，要让学生亲近，首先就要把拳拳爱心竭诚奉献给学生。刘老师把业余时间都投入到了教学中。学生前进了一小步，哪怕是别人看来不值一提的，刘老师也会热情地勉励与赞誉一番。刘老师课上是良师，课后是益友。能在大学生活中遇见这样的老师，真是悉商广大财会专业学子的幸事！

◎ 夏雯竹　张俏颜　马　莎

与子同行——倾听学生的声音

# 循循善诱，诲人不倦
## ——访上海大学悉尼工商学院张倩老师

张倩，悉尼工商学院经济金融系讲师，硕士生导师。自2011年入校以来，致力于经济和金融专业本科生公共基础课和专业课的教学，工作态度认真负责，对教学一丝不苟，精益求精。对于任何一门课，她都会投入大量的时间做最充分的准备，从学生的思维角度探寻恰当的教学方法，并随时根据学生对教学内容的反应做出适当的调整。她主讲的"经济学""金融工程学""金融风险管理""国际金融学"等专业课程，因教学方式独特且成效显著，获得学生一致好评。

### "授人以渔"的教学理念

张老师常年讲授的"经济学""金融工程学""金融风险管理""国际金融学"等课程都是经济系的主干课程，专业性强且难度较高。她的课程能够受到学生的广泛认可和欢迎，并非易事。她是如何做到的呢？谈起此点，张老师感慨颇多。她说，我也不是天生就会教课，最初踏上讲台，也经历过迷茫和挫折。当时她自以为讲得头头是道，其实呢，却是言者谆谆，听者藐藐。学生反响并不理想。一段时间以后，她开始反省，到底是哪里出了问题。慢慢地，经过不断地摸索和实践，她逐渐琢磨出了门道，总结起来就是"用最简单的语言和最贴近生活的例子，引导学生发现问题，分析问题，最终解决问题"。这也成了张老师教学的要旨。

歌德说过："理论是灰色的，而生命之树常青。"如果不能把高深的经济学理论和纷繁复杂的经济活动相结合,课程传授会如一潭死水般的枯燥无味。在张老师的课堂,她积极鼓励、启发和提高学生的理性思维能力,并在教学实践中不断地创新教学方法。张老师常说:"古人云,授人以鱼,不如授人以渔。学习方法指导比实际内容的讲授更为重要。"张老师摒弃陈旧的灌输式教学方式,经常用生动的故事和案例来吸引学生对经济和金融课程的兴趣,并通过提问引导和实践引导的方法促使学生主动思考,从而加深学生对课程内容的理解。采访中很多学生反映,张老师的上课内容总是很充实很有趣,可以学到很多有用的东西。知识传承强调学以致用,虽是老生常谈,但真正能够做到,又谈何容易。张老师做到了,因此她收获了教学的成功和学生的尊敬。

## 教师之道,首在育人

张老师对育人理念有自己独到的看法。采访中,她说:"生命中遇到的每一件事和听到的每一句话都有可能影响人的一生;教师的言行会影响学生的成长,我们应在与学生的每一次互动交流中,用自己的言语或行为给予学生正确的引导。"教师之道,首在育人。张老师认为,把教育工作简单理解为课堂上专业知识的传授,显然过于狭隘了。人是社会动物,育人并不是简单的知识灌输,培育对国家、对社会有用的人才,仅仅依靠课堂还远远不够。

张老师对待学生像对待自己的朋友一般,无论是生活还是学习上的疑惑,都耐心地倾听并给予合理的解答和指导。她相信,只有真心呵护和宽严适度才能赢得学生的尊敬和信任,才能有效帮助学生健康成长。张老师通过课上提问、课后答疑、晚自习辅导和日常聊天等各种途径,深入学生内心、了解学生所需、理解学生所想、解决学生所难、指导学生所困,在育人的方方面面都投入了满腔热情和一片真心。她爱岗敬业、不断进取的精神也深深地感染了学生。无论走到哪里,她常常被爱戴她的学生簇拥着,有说有笑,亲密无间。亦师亦友,大概指的就是张老师与她的学生之间的状态吧。

## 天道酬勤,硕果累累

功夫不负有心人,张老师的辛勤付出已经结出喜人的硕果。她在学生毕业论文的指导过程中因材施教，根据每个学生的具体情况采取不同的指导方式，秉承严谨的学术作风，在论文选题与构架、数据选取与处理、论文撰写与修改等各方面她均一丝不苟，谆谆善诱，诲人不倦，小到错别字和标点符号也严格把关。入校任教六年来，张老师累计指导经济和金融方向本科生的毕业论文50余篇，其中多篇论文获得院级和校级优秀。

此外，张老师积极参与课程改革、教学改革和上海市精品课程建设，主持国家社会科学青年基金、上海大学人文社科创新课题等项目，参与多项国家社会科学和自然科学基金项目以及企业横向课题，并在中英文学术期刊发表多篇高质量论文。

春风化雨，润物无声。教师工作，看似普通，但对一代代青年潜移默化的影响是多么重要。杏坛上一大批张倩老师这样的教师，他们用那能包容百川的胸怀、细致敏感的心灵投入到教书育人事业中去，为祖国的人才培养事业默默添砖加瓦。真诚地祝福张老师，祝愿她和她的学生教学相长，一起收获累累硕果。

◎ 黄媛媛

## 尽职尽责,做最佳引路人
### ——访上海大学数码艺术学院朱翔老师

教师在常人看来是一个平凡又伟大的职业,平凡,是它几乎出现在每一个人的生命中,而伟大则因为每一个人的成功都离不开它的存在。教书育人是每个教师的天职,都说"十年树木,百年树人",育人之路必定是一条艰辛而又漫长的路,而坚守在这样的一个岗位上何尝不是一件困难的事情呢?在我的身边有着这样一位老师,他尽心尽力,并且尽最大的可能去帮助每一个学生,他就是我的导师——数码艺术学院青年教师朱翔。

初识朱翔老师是在大三第一学期的一门课上。在那节课之前,我对老师没有太多的了解,只是因为听很多学长说起老师的课很有意思,便选了他的课。课上涉及很多专业知识,多少会有些枯燥,老师总穿插一些幽默的话让大家集中注意力,慢慢地我们也越来越投入到课堂中,课堂中的互动也很多,同学们都能参与进来。通过一些话题或者电影的例子去学习专业知识,大家愿意接受这样的学习方式,这应该也是很多人喜欢选他的课的原因。

实践是学习中必不可少的一个环节,实践活动对于理论知识的理解是很有帮助的,然而因为一些条件的限制,现阶段的我们却很少有实际操作的机会。朱翔老师常常会克服一些困难,尽力把实践带入课堂。

还记得大三的一节有关导演学习的专业课,开始的几节课还是以讲课为主,之后的几节课上,老师就找来了一些拍摄设备,用实际的操作来让我们理解知识。老师会亲自去操作,并不断让同学参与尝试,大家通过这样的方式可以更加直观地理解所讲的内容。老师的教学方式非常有效,为了让我们更好地理解知识，他不惜拿来自己的设备给我们作讲解，我认为这是很难得的。

有一位学长曾对我说过"朱翔老师也许不是那个能给我们带来最多东西的人，但他一定是最负责的那一个"。我一直记得这句话，而且在那之后我也确实感受到了老师的那一份责任感。夏季实践时，我选择了朱翔老师的实践课。实践的内容是我们组的同学共同完成一部小短片，从前期开始的一些想法到之后准备工作的完成，老师会不断和我们一起讨论，共同选定方案。老师尊重我们的想法，也会给我们提出一些合理的建议。在拍摄时，他全程都和我们在一起，对我们的拍摄进行现场指导。

拍摄的两天里天气多变，但不论是顶着烈日上天台，还是冒着大雨跑操场，老师都和我们在一起，我觉得这就是责任的体现，因为这样的实践我们完全可以换一种方式完成，甚至可以让我们独自完成，但是老师并没有草率了事，他给予了我们最大的帮助，希望我们可以在难得的实践中学到一些专业技能。我们很感谢老师的指导，也在老师的帮助下收获了很多。

同样，交流在师生之间是很重要的一个部分，也是很容易被忽略的一个部分。朱老师常常会抽出时间和我们交谈，那时的老师更加平易近人，也更像是一位知心朋友，在交谈中他了解我们每个人，给我们一些对于未来的建议，或者传授我们为人处世的方法，这些对我们今后步入社会有着潜移默化的帮助。

我有幸遇到这样一位负责、宽容、耐心的老师，我敬佩他对教育事业的热爱和他对待学生的那一份责任感。不论我们遇到了什么样的困难或者问题，老师都会非常用心地帮助我们。他也曾说过既然我们选择了他来做我们的老师，他就一定会尽最大的努力对我们负责。他所做的一切都证实了他是一位真正做到"教书育人"的好老师。

◎ 冯逸冰

# 走进"教书育人故事里"

# 立足实践,做师道的坚守者
## ——访上海大学外国语学院张强老师

### 进攻总好过逃避问题

1977年,即恢复高考后的第一年,张强所在乡镇有一千三百多名考生,最终考上大学的也就十多名,而他就是其中一员。进入大学,"我在班里的年龄最小,英语水平也最差,连动词过去式是什么都不知道"。他意识到跟众多"老三届"同学的巨大差距后,坚持每天五点起床,跑完三千米后,就在路灯下读书。功夫不负有心人,一年的玩命学习,张强实现了由"学渣"到"学霸"的逆袭,成绩一跃为那一届英语系60名学生的第一名。回想当时,张强坚定地说:"我是一个不愿意服输的人,只要意识到哪里比较弱,就会主攻薄弱的方面,我相信只要努力了是可以取得成绩的。"凭着这样的信念,张强从考研时第二外语法语不及格,到1997年评副高职称时外语考试拿到接近满分。

大学毕业后,张强梦想成为一名外交官。20世纪80年代初,他报考北京大学国际政治系,以优异成绩进入复试,面试时由于南方口音较重,最后没能成功考上。之后他郁郁寡欢了很久,直到最终确定了做老师的决心。从师范学校毕业的张强始终认为:"成为老师是一件很光荣的事。孟子曾经说过:'父母俱存,兄弟无故,一乐也。仰不愧于天,俯不怍于人,二乐也。得天下英才而教育之,三乐也。'我也一样,乐在其中!"

与子同行——倾听学生的声音

## 用一辈子的时间做更多的工作

张强"拼命三郎"的工作劲头为大家所熟知,每学期他的课时都是满满当当的,即便在周末或者假期,他也要忙着翻译。2009年春季学期,他一个人接下了宝山和延长校区共六门课,每周课时达24节之多。从1999年到2016年,他一直在新闸校区、延长校区教授成人教育与二专的相关课程。周末上课有个不尽如人意的安排,就是在"五一"与"十一"假期,总要连上两天的课(要是周六与周日均有课,假期则要连上四天课),这样外出旅游自然跟他无缘了。说起自己在上大28年的教学工作量,他笑称:"我可是在干第三辈子的活了!"教学与翻译工作虽然过量,但张强时刻保持着高效率和高质量。

每年,张强都会受邀参与多场全国性考试的阅卷工作。在日前结束的全国高校英语专业八级考试的五天阅卷工作中,他平均每天阅卷量高达1200—1300份。为了保证阅卷质量,阅卷组会在第二天从前一天审阅的卷子中随机抽出60—70份卷子返回给评阅人进行复评,也就是一份卷子同一位老师要改两次,同一份卷子如果两次评分差距过大,则意味着阅卷人阅卷质量有待商榷。今年,他创造了五天阅卷回阅卷无丝毫分差的记录。阅卷水平之高、速度之快,着实让其他阅卷老师折服。

在速度方面,翻译一般性的题材,他每天能翻译一万字,而且不用借助于任何翻译软件。在有限的时间做更多的事情,做"多"的前提是做"好"。在张强看来,学好外语也是这样,需要一步一个脚印,踏踏实实往前走,在平时学习中做好积累和训练。

张强常对学生说:"四年里最起码要熟练掌握1万个单词,熟背30—40篇范文。有了这样的积累,在英语写作或翻译时(尤其汉译英时),才会悟出语感,英语行文才会更流畅,Chinglish之类的句子会少些,这些基本功都非常重要。"张强上课十分注重灌输这样的理念。在上翻译课时,他常常讲着讲着,就讲了半堂词汇学课。因为许多学生在大一、大二时,词汇基础知识不太扎实,因此需要在大三时补。上课时,张强还会举出一些生动的例子,让枯燥的词汇知识变得有趣，如为什么–sept这个词缀本来是"七"的意思，但是放在月份September里却变成了九月。依次类推，十月、十一月、十二月都存在这样的特点。他常会结合外国历史以及文化环境去解释一个词的用法，这样不仅加深了学生的印象，也增添了课程的趣味性。此外，课后布置的所有作业他都亲自批改，他说，作业让我更加了解学生对于新内容的掌握情况，也好针对他们共同的错误进行及时的讲解。

## 真诚相待，亦师亦友

每学期，张强的翻译课都成了学生们抢课的重中之重，不仅因为张强的课有趣，最重要的是，他坚持以真诚之心对待学生。课堂上，他经常鼓励学生找他翻译上的错误。每年，都有不少本科毕业生去找张强，请求他浏览一遍他们的英文简历与求职材料，他都会仔细帮他们修改。外语学院每年有近90个翻译硕士研究生毕业，除他本人指导的五六个毕业生的论文以外，还有预答辩的、正式答辩的以及送来给他审阅的论文，这些论文张强几乎每篇都会修改题目、摘要、案例分析等。在他看来，力所能及的帮助可能会让学生的未来走得更好、更远。

有一年，张强临时决定出席学院本科生的毕业典礼。典礼中有一个环节，主持人会描述这位老师的几个特征，让同学们猜是谁。主持人当时说道："第一点，这位老师非常敬业、教学水平很好。第二点，他每周都给我们布置很多作业。第三点，他生活很朴素，衣着不修边幅。"第三个特征话音还没结束，同学们一起喊了起来："是强哥！咱们的强哥！"回想那天，张强至今还是非常激动的。

在张强看来，习近平总书记提出的加快实现高等教育内涵式发展就在于教师们能够结合时政以及中央重大会议的精神，与同学们在课堂上进行交流，在潜移默化间帮助学生树立正确的价值观，并建立起对中国文化和中华民族的自信。他说："国家的未来是要靠年轻人的，所以年轻人一定要对国家大发展有信心。年轻人应该充满朝气，要有家国情怀。尤其是大学毕业生，他们将引领国家未来的发展方向。面对发展中出现的新问题，要正视，不回避、不逃避，相信这些问题在国家法治化、制度化的完善中最终会得到解决的。教师，做不出特别惊天动地的事业，但是只要把本职工作做好，这就是我们的成绩。千万不要用得过且过的态度来敷衍教学。"

## 从理论到实践，传承工匠精神

1991年，偶然间的一次翻译经历，让张强的学术道路转向了翻译，并自此一炮打响。他去年一年的翻译字数甚至达到了令人惊讶的一百多万字，出版了五本译著。在他看来，翻译不仅需要语言功底的扎实积累，还需要百科知识的积累。翻译材料可能涉及中国古代文论、哲学、史学、法律以及艺术等多个方面，如果没有相当的知识基础，连中文原文都无法理解，更何况还要结合西方语境下的文化传统、思维方式进行翻译。翻译的最大目标是使对方看懂。比如salt（盐）这个词，西方人认为不吃盐的人就不是基督教徒，而在中国文化中，"盐"是不代表什么文化意象的，很多人就无法理解这一点。翻译中总会遇到各种问题，而这些问题往往是理论所无法解决的，需要在不断的实践中获得积累经验。

张强认为，翻译就像绘画、雕塑一样，首先是实践，然后将实践升华到理论层面，再用理论去指导实践，而不应该本末倒置，过于重视理论而忽视实践的作用与意义。张强希望培养的学生能成为合格的语言工作者，这不仅是对学生的期望，也应该成为每位老师对自己的要求。张强也在一直激励自己："在科学的道路上没有平坦的大路可走，只有在崎岖小路的攀登上不畏劳苦的人，才有希望到达光辉的顶点。"

◎ 蔡珍橡　丁志文

# 一言一行为师表，一心一意为科研
## ——记上海大学生命科学学院肖俊杰老师

### 学习经历彰显深厚的知识功底

肖俊杰老师是同济大学第一届七年制本硕连读的学生，当时学校还没有保读博士的制度，所以硕士毕业以后他在医院工作了大半年。由于肖老师的努力和优秀成绩及其导师的推荐，他成功获得了前往哈佛大学读博士的机会。

越努力越幸运，机会总是留给准备好的人。认真学习自己的专业知识，努力成为一个优秀的人才，机会便会随之而来。幸运降临的机会对于我们每个人来说都是平等的，重要的是，在幸运降临之时我们有没有这个能力去接住它，而这种能力，便需要我们平时的努力了。这个道理在肖老师身上便有很好的体现。

### 人生选择表露济世的仁者情怀

采访时我问肖老师："为什么当初会选择继续深造做科研而不是选择成为一个医生呢？"肖老师回答我："硕士毕业以后在医院工作了一段时间，越发觉得医生虽然能解决一些问题，但是并不能解决所有的问题，很多疾病医生还无能为力。而继续深造，做科学研究，或许可以开发一些药物疫苗，或找到更多的方法去治愈现在无法攻克的疾病，为那些目前没有治愈希望的病患带来希望。"这是他觉得更加有意义的事，也是他非常喜欢的事情，所以最后他选择了做科研。肖老师这种济世的仁者情怀也是我们这些太局限于眼前、看中工薪和名望的毕业生更需要去学习的东西。

## 研究道路尽显纯粹的科研之爱

以前我没想到科研背后要付出很多心血，单纯地觉得科研特别高大上。现在经过一段时间的学习，我认识到科研意味着要将时间、精力用在未知的结果上，特别是生物医学领域，很有可能投入很多时间、精力最终却没有结果，以致产生很大的心理落差。对于一个科学研究者来说，该如何面对这个问题？

肖老师告诉我："生物医学领域的课题一般情况下70%是阴性，而只有30%是阳性的。经常我们会早上很高兴地来到实验室做实验，晚上失望而归，这都是科研实验中的家常便饭。但失败的结果也是有意义的，它能够及时告诉你方向错了，让你根据实际结果去调整实验进程以及方向。失败也是一种进步，需要及时调节好心态，也正因为得到阳性结果的概率很小，一旦有了结果，就会非常兴奋，很有成就感。这也是科研的魅力所在。"

肖老师给我打了一个很形象的比喻："比如说你有三种途径去目的地，但是你不知道选择哪一条可以成功到达，哪一条所用时间最短，每一条路有什么优势，这个时候便需要每条都试着走一走，才能知道每条路的情况。遇到不能通过的道路，你下次便知道不能走这条路了，遇到捷径，你下次会继续走这条路。所以阴性的结果也并不是失败，它一样很有意义，是得到阳性结果必不可少的一部分。对于一个科研工作者来说，做实验也不是简单地为了实验而做，同时也是在享受一种探索的快乐感。"从老师朴实的话语中，我真真切切地感受到肖老师对于科研纯粹的热爱。

## 教书育人成为学生的良师益友

学长们评价肖老师时，都说"他对我们的实验操作要求非常严格"。对于这个评价，肖老师说，严格是他作为一个老师对于学生的责任，每个人都会有惰性，学生时代如果没有学到知识，后果便是用以后的人生买单，严格的老师更能帮助学生克服自己的惰性。他希望每一个他带出来的学生都能学有所成，对自己未来的研究方向以及发展目标都能有很清晰的认识。肖老师培养学生的理念，尽显他对学生负责的态度。

"人生最重要的事，莫过于得一良师。也许我学术能力不够，但我够认真，我有总能给我最好指引的好导师，与您相遇，三生有幸。"这是"知乎"上一个学生对肖老师的评价。"知乎"上还有一篇文章《温暖人生好导师，会笑的都教授》，文章中写了很多肖老师平时学习生活中与学生相处的小故事。有一段写道："他被同学们亲切地称为老肖，老肖的交通工具曾是大家心里最温暖的角落，那年台风肆虐，老肖默默地把车停在学生宿舍下，给他的学生充当了临时车夫。"小小的故事，深深的感动。对于学生，肖老师亦是最温暖的朋友。

## 上海大学——梦想启航之处

我问肖老师："为什么回国以后来到上海大学创办实验室？"肖老师说："当时也有收到交大和复旦的 offer，但是上海大学提供的是一个单独的实验室，虽然当时那个实验室很小，资金不足，但是这也是一个可以让自己独立开始的机会，可以选择自己喜欢的、擅长的研究方向，更多地发挥自己的能力，实现理想。现在我们实验室研究的课题是有关心力衰竭的，这本身就是一个非常重要的课题，因为当今世界依然没有可以治愈心力衰竭的好办法。我们从运动导致的生理性心肌肥厚这个独特的视角展开研究，目前已经获得了国际上的认可，对于实验室的发展前景来说也是很好的。"

让肖老师非常自豪的是，从 2012 年到现在仅仅六年的时间，他带领的实验室团队已获得了很多成就。团队成员不仅在很多重要的期刊上发表论文，实验室在业内的地位也越来越高。对于实验室未来的发展，肖老师说："要想与国际同行有更多的合作，靠的是实力，靠的是成果。上海大学心血管研究所现在已经成立，我们希望把这个研究所做成教育部国际合作的一个研究所，聚集更多的心血管研究方面的优秀人才，在上海大学建立一支水平一流的国际研究团队，引进国外有名望的教授，吸引更多的人才，让上海大学心血管研究所成为一个人才汇聚之地，成为一个能让人才实现理想的地方。这是我当初来到上海大学的梦想，上海大学为我提供了这样一个平台去实现自己的梦想，我心里是非常感激的。"

　　肖老师对学校的这种深厚感情让我深深感动。上海大学，不仅是我们莘莘学子梦想启航之处，也是众多具有家国情怀的科研工作者的理想实现之地。

◎ 刘　婕

# 鸿儒之典范,育人之楷模
## ——记上海大学招毕办许明老师

许明老师讲授"大学生生涯规划与发展指导"课程。他师德好,师风正,以心交心,用实际行动践行"四有"好老师标准。结合"多元创新+综合培养"理念,他布置特色作业,以"把学生当作自己的孩子"为导向,真正走向学生、关怀学生。他勤恳敬业,踏踏实实教书育人,仁爱热心,认认真真备课解惑。他对自己严格要求,对工作一丝不苟,教学以实为本,育人从实出发。他用充满理性的爱来对待每一个学生,用真诚去点燃学生求知的激情,给学生插上探索与实践的翅膀,培养学生创造与展示自我的能力。他凭着踏实负责、创新进取的精神,赢得每一个学生的认可、每一位老师的认同。

### 一个会出题的老师

小组作业、个人作业;长期作业、短期作业;平时作业、期末作业;线上作业、线下作业;实践作业、文本作业;许老师以多元的作业形式,因材施教,梯度分级,大大提升学生的学习兴趣。让课后作业真正成为提升学生能力的需要,而不只是流程和负担。

上海大学采取三学期制,短学期制内布置给学生的作业不应只是量的增减,更应该是作业模式的改进与作业形式的创新。如何不让学生抱怨老师因课堂时间有限而无法教授更多的知识?如何让老师的能力充分发挥,让学生的素养真正提升?短学期制课后作业的布置与反馈就显得尤为重要。许明老师就是一个会出题的老师。

线上几百道题目的职业测评以后，如醍醐灌顶，我竟然才发现从未对自己有一个清醒的认知。使用PPT制作彩色简历，大一新生没有太多履历许老师便要求制作"未来简历"。其间，我运用多种形式生动展现自己的能力，不仅练习了精致制图的技巧，更从老师对全班简历的点评中收获了满满的干货。

第一周写信寄给父母，第九周之前上交父母的回信。彼时，吾于上海，一字一句，诉说成长，翻开回忆，表达思念，起笔、构思、成稿，我感受到了微信、QQ等所不能提供的无比安静的爱的传递，一封家书，纸短情长。

我走到邮局，贴上邮票的动作都变得小心翼翼，生怕破坏了自己的心意，塞进邮箱之后久久没有安全感。没几天，我便收到了父母的回信，一行行，慢慢读来，看到原来父母早已认可我的能力，原来爸爸早已原谅我当年犯下的"错误"。读完，我只觉无限温暖，无限平静，感谢许明老师给了我们这样一个深度交流的机会。

鉴于大家对于专业学院的不了解，为锻炼团队合作能力，提升综合素质，许明老师安排每个小组去实地采访专业学院的负责人，并结合后期的材料在全班进行演讲展示。

我还记得十年一遇的大雪天，记得被狂风吹得左摇右晃的伞，记得半个小时联系一次、联系了十几次才约到有空闲时间的学院老师，记得热情善良的被采访老师赠送的精美书籍，记得小组成员看到精彩的展示、记录采访过程的视频热泪盈眶的样子。享受实践，乐于分享，这是许老师的课堂反馈，也是每一个课堂应该有的样子。

期末大作业的主题是"人生规划"，结合平时做讲座的四位外校导师的思想，结合职业测评的精准定位，我细细思索、步步规划，人生的定位和奋斗的方向从未如此明确！

## 是仁，是爱

意外的开始，这是一个由悲转喜的故事。

许明老师和几位同事一起出行旅游，"世外桃源"，谈天说地。他意外地发现"农家乐"主人的孩子正在上海大学就读，而且是一位曾经极其优秀的学生。曾经？那么现在呢？那学生现在几乎要延迟毕业。

孩子的父亲绝望的诉说，近乎哭出来的语气，说出的每一个字都带着担忧与无可奈何，旷课、游戏、谈恋爱……应该出现的字眼都出现了。静静地听，和缓地安慰，许老师却是暗暗地下了决心。

回到学校后，许老师当即找到了这位学生，与该同学交流多次并大大鼓励他，针对他的课程制定了能够保证其顺利毕业的学分规划，并联系了每一门课程的任课老师，请求每一个老师对这位同学给予积极的督促和监督，有任何不合规情况及时跟许老师联系。

完美的计划，可第一周就出现了问题，该同学下雨天不想去上课，早课不想去上课，严重自我放弃，不想执行计划。许老师再次跑到该同学那里，跟着他一起去上课并进行了大量的心理辅导。慢慢地，这个同学在改变。

虽然课业繁重，虽然落后太多，但一年后，在许老师的全程监督和各位课程班老师的共同努力下，这个同学按照规划顺利毕业。他的父亲知道事情的始末之后，非常感动，亲自从偏远的农村跑到上海大学送来一面锦旗真诚感谢许老师。

是责任吗？是爱吗？我觉得只有"大仁大义"才能够形容许老师对于一个普通学子的关怀之情。

在课堂教学中，许老师更是"傻"到"自找麻烦"。

为了获取最好的采访内容，许老师没有让大家联系被采访老师，而是推荐了每个学院最有资质的老师，并提供了联系方式。老师在外地，老师手机关机，老师没时间……一系列的问题，许老师始终在微信群里及时解答，并多次强调："大家有问题请及时联系我，我一直都在。"

在我的印象里，只有爸爸给过我这样的支持和莫大的安全感。

许老师还鼓励大家走进社会，去找一份兼职，去体会父母的辛苦。他积极在微信群内推荐资源，在课堂上声明有需要的同学可以及时联系他。不同于以往的班级微信群在课程结束后或解散或无人发言，许老师的班级微信群里时常会有同学联系许老师帮忙，也经常会有同学们分享值得一看的资源。

许老师对于大家温暖的关怀早已潜移默化地感染了课上的每一个同学，"桃李不言，下自成蹊"。

这是一个日短也能生情的老师。接触一次，就可以感受到许老师满身的正能量与全心全意为同学们着想的坦诚。

### 打着灯笼发现问题，挖空心思解决不足

看到太多同学社交有限，许老师从课堂入手，第一堂课便抽签组成小组，让每一个组在教室内找一处地方，只做一件事——交流。看似普通的安排，却真的让我结识了几个现在还一起交往的朋友。

为了避免小组工作有同学偷懒，许老师要求每次小组任务必须提供全体合照，未出现的同学直接扣分。

"第一学期斗志满满，后来便不再志向高远"，许明老师看到了多数大一新生都存在的弊病。他通过1/1000的精确数据、毕业求职的严峻形势、考研之难、工作之难、回忆收到录取通知书的感受等多个方面激励同学们燃起斗志、制定规划、认真学习！

我们的"霸王条款"：任何情况不得拿出手机。这不仅让大家都专注于课堂，更养成了上课不看手机的好习惯。

看到冬天天冷大家缩手缩脚，许老师专门预留出时间对大家进行思想教育，"冷了就多穿，走路应该堂堂正正，大学生应该朝气蓬勃！"

我怯于讲，他给我讲台；我懒于动，他给我激励；我能力差，他给我锻炼的机会；我进步大，他给了我鼓励。收获一箩筐，我的感谢无以言表。

论经历，从技工到大学老师，他有太多的故事分享；论资源，一共十次课，四次请到外校教师前来上课，他有最棒的教师资源；论德行，"高山仰止，景行行止"，他像温暖的灯塔，为黑夜里的心灵引航。

花开了又谢，风来了又去。许明老师，我想要在这里，高声赞叹你。

"经师易求，人师难得"，遇到许明老师是我一生的幸运。

◎ 朱怡婷

# 树一片绿荫，触一抹蓝天
## ——记上海大学环境与化学工程学院吕森林老师

"素晖射流濑，翠色绵森林。"第一次见到吕森林教授的名字是秋季学期在选课书上，我的眼前仿佛出现一幅画，画中广阔的土地上，大片大片昂扬生长的树木，向下投映出浓浓的绿荫，向上使劲触摸蓝天。再看老师所属学院——环境与化学工程学院，一个关注环境、心系人类的学院，多么机缘巧合呀！

### 教学：树一片绿荫

约见吕森林老师，我的第一印象是他十分和善。作为上海大学环境与化学工程学院的博导，他承担着繁重的教学与科研工作。第一次发邮件，因我的疏忽没有及时查收邮件，错过约谈时间，又怀着忐忑的心情再发邮件约时间。本来担心吕老师会不开心、没时间见面了，没想到吕老师毫不介意，亲切地回复期待与我交流，我顿时感到一股暖意，心生感激，脑海中不由勾勒出一个风度翩翩、待人和善的形象。

第一次见到吕老师是在新生研讨课的课堂上，老师深入浅出地给我们讲解最新的大气污染方面的研究进展。初入大学，对科研一无所知的我上了吕老师的课后，就像一个从未到过科研大厦的懵懂少年，突然有了从窗口往里探头观察的机会，那种新奇、满足与惊喜至今无法用言语表达，难以忘怀。吕老师的课堂十分轻松，强调学生自主学习，自由提问，自由展示。教学设计也十分注重团队合作能力的培养。全班分为五个小组，每组五人，分别有一个与课题相关的小课题。我们小组分到的是 PM2.5 的健康效应。在小组学习、搜集资料的过程中，我遇到了一些困难。当时在研究上海地区 PM2.5 对有关疾病发病率的影响，查到一篇论文，但学校图书馆购买的数据库没有收录，官方求助也迟迟未得到回复，眼看下周就轮到我们组做报告展示了，而我们的重要资料还未搜集完毕，更不用说整理了。这时我想起了吕老师，在图书馆五楼机房里，我小心翼翼地给吕老师发邮件求助，字斟句酌，修改许久，生怕表达不清或者言语不得体而冒犯吕老师。我的邮件发出，意味着多了一条可能得到参考资料的途径。我其实是抱着尝试的态度，即使邮件石沉大海也不吃惊。第二天检查邮箱，信箱里一个红点提示我有一封未读邮件，点开一看，真的是吕老师的回复。我顿时欣喜若狂，感激之情不胜言表，我立马回复以示感激。

至今我还记得，第一次与吕老师谈话。他谈到人生方向，谈到专业选择，推心置腹地向我讲述他的经历，鼓励我多尝试，不要限制自己。"人这一辈子很难预先知道以后会做些什么，社会变革特别快，每隔几年就可能面临一个新的选择。按照兴趣爱好结合实际不断探索自己的可能性，在尝试中不断修正自己的方向。"吕老师如是说。

## 科研：触一抹蓝天

多年来吕森林老师不断把研究的"树枝"向"蓝天"伸展。他致力于大气污染与人体健康关系的病理学研究。说起自己的专业研究，吕老师神情专注而投入。教授一方面痛心疾首于我国触目惊心的环境污染现状，另一方面悲痛于因环境污染而患病的人群。在吕老师过去几年的研究中，关注农村地区的大气污染问题，其中较为典型的是燃煤排放问题，为了探索燃煤排放与肺癌发病率的关系，获取准确的样本数据，教授及其团队多次到云南宣威调查。当地属西南经济发展相对落后的地区，村民们所使用的燃料主要还是从当地挖取的煤。用煤烧饭、取暖，比较原始。他通过几年的调研，发现当地几十年来肺癌发病率比较高，尤其是那些经常做饭的女性，发病率明显高于男性，而且呈年轻化的趋势。其中原因是什么，如何探明肺癌高发的原因等，成为亟待解决的科学问题。

谈到为什么热衷燃煤排放污染物的健康效应研究，吕老师表示，我们国家目前还是煤炭使用大国。从我国能源结构来看，百分之六十以上还是使用煤，虽然有清洁能源的投入使用，但在我国城乡差别比较大的国情下，清洁能源要普及到各个地区还有相当长的一段路要走，因此燃煤研究仍有其深远的社会意义。吕老师的话语，无不体现出他对当前环境污染问题的忧虑。他表示科研工作是枯燥的，需要大量的重复性工作，但这些工作、这些发现可以为政府决策提供理论依据。如今，大气污染与人体健康有着密不可分的关系，这一点在科学理论上已经被证实，既然已经有了科学依据作为支持，就需要政府来调整能源结构，改善百姓生活条件。

在研究大气污染问题之外，吕森林老师还努力做一些能解决实际问题的工作，比如水污染处理。吕老师与日本团队合作，在国内乡镇或农村的居民区安置一些净化槽，体积不大，但可以起到净化水体的作用，希望可以有效地把农村生活污水处理达到国家排放标准，使更多的人避免受到水污染带来的健康危害。

对于科研工作者，我总是保持着一颗崇敬之心，感动于他们扎根在实验室，为人类生活探索方向，我也感到好奇，好奇他们是如何忍受枯燥、耐住寂寞做研究的。谈到这个话题，吕老师坦言，人这一生能找到自己喜爱的事情不容易，而他在科研上找到了自己喜欢的方向，并且这份热爱还能够为他养家糊口，何乐而不为呢？

无论是教育教学，对学生提供帮助，还是进行科学研究，吕森林老师都如他的名字一样，撑起森林的大伞，树起一片绿荫，伸展树枝触摸蓝天，渴望净化每一口空气。

◎ 张淑芬

与子同行——倾听学生的声音

# 专注科研，热爱生活
## ——记上海大学理学院张萌颖老师

天空飘着淅淅沥沥的小雨，我怀着忐忑的心情，独自一人乘公交车前往嘉定校区，采访那时还不太熟悉的您并且参观您的实验室。一路上，我的思绪伴着窗外的小雨飞扬……

还记得第一节课的时候，满脸笑意的您说："你们也可以叫我阿萌！"距离由此拉近……

也记得那天晚上的答疑后，我和您聊了起来，从您小时候拆电视机，到您的女儿一直会问为什么，您说现在人为什么越发不愿提问了呢？一直聊到您的教育理念，您说学习不能只是为了考试，更重要的是要学会背后的理念和思想，您说会尽自己最大的努力去教导我们真正能受益终身的事……

"博乐路塔城路到了！"我刚下车，一股清新的泥土气息扑面而来，伴随着的还有一丝恐慌、一丝陌生感。"老师，您好！我到了。""你在哪儿？我去接你。"本以为我和您之间会展开一个很专业、很官方的采访，但是我听到的却是一句"你吃午饭了吗？和我一起回家吃吧！"虽然感到非常不好意思不应该麻烦您，但看到您的笑容，我没拒绝，怕辜负了您的好意。

在我的观念里，科研工作者应该一直在实验室埋首工作，家里可能无法顾及。刚到您的家，就颠覆了我的认知。您的家充满了爱，一个机灵活泼的小女儿，一个呀呀学语的可爱的小儿子，慈爱的爷爷奶奶。您一直笑着，和儿子一起捉迷藏，给他唱英文歌。最让我记忆深刻的是您问女儿为什么她最喜爱的杯子可以喷喷泉？您还问我，惭愧的是我没答出来。后来，您说是因为连通器原理。您不知疲倦地回答孩子的一切问题，并把一些知识潜移默化地教授给您的孩子。我意识到知识其实就在我们身边，我们要像小孩子一样时刻保持好奇心和求知欲。在前往实验室前，您还特意借给我一本书，叫《当蜗牛念到青蛙大学》，嘱我读完后跟您交流读后感。本以为这只是一本鸡汤文学，但越读到后面越发现应该仔细研读，几遍都不为过。书中每一章都在塑造我的价值观、世界观和人生观，比如考试的意义——测试自己的极限，对于学习，对于图书馆，对于爱情观、时间观……之后每读一遍，我都更深一层地理解了老师的良苦用心。

您带我参观了每一层实验室，足足介绍了三个小时，谢谢您对我和这次采访的重视。

您的研究方向是智能微流控体系、电流变液器，这些有助于实现精准医疗，可以同时进行上百个化学实验，提高速率。

我问您，您是如何确立自己的研究方向的？您说，您比较喜欢看得见摸得着的东西，会有成就感，最重要的是感兴趣。

紧接着，您又带我去了有显微镜的实验室，让我能更清楚地看到您的研究成果放大后的样子。不仅如此，我们在实验室里还用显微镜看了一些奇奇怪怪的东西，您说自己以前最喜欢用显微镜看蝴蝶，看虫子……谈到微观世界，您的眼里充满了喜悦。

而后，我问您是如何看待创新的？您说创新其实无处不在。科研工作其实就是每天解决问题，想出办法就是创新。要做个生活中的有心人，当然要在一定基础上天马行空。您还说，有了孩子后，读他们天马行空的儿童故事，让您自己也变得脑洞更大。

紧接着您带我参观了其他相关的实验室，让我明白了科研创新的分工性，一个人想集大成地发明一个东西是不太可能的，都是一环扣一环的，我的研究为你所用，你再创造出有更多价值的东西为大家所用。

参观完毕，您又送我去了车站。

望着您的背影，我想起您在车上问我的那句话："小黄，你以后想做什么？"我答："我有专业了。"您说："有专业也不能决定以后你真正想做什么呀！"

现在,我真想大声地说:"老师,谢谢您!我也会努力找到属于自己的生活,真正的兴趣所在的。"

老师,您让我知道,无论是科研,还是教育子女,或是教书育人,这些都是生活的一部分,我们首先要做的是热爱生活。

◎ 黄洪玉

# 教书育人，教学相长
## ——访上海大学机电工程与自动化学院杨傲雷老师

杨傲雷是上海大学机电工程与自动化学院自动化系副教授。杨老师授课生动、为人亲切、谈吐幽默、治学严谨，对待学术一丝不苟，深受同学喜爱。他曾获评2015年上海大学"蔡冠深优秀青年教师奖"和第十三届"上海市青年岗位能手"。

初识杨傲雷老师，是在"电工技术"的课堂上。杨老师的教学过程条理清晰，他总能自然地把实际生产生活中的问题和课堂上的理论知识相互串联，让我们加深对知识的理解。

春光明媚、万物复苏的时节里，我有幸采访了杨傲雷老师，把一位年轻的科研工作者对当代大学、大学生的看法介绍给大家。

杨老师曾在英国留学，对于目前国内大学与国外大学的学习氛围和科研氛围，杨老师有自己的一些看法。他认为目前上海大学的不少同学学习不太用功、不太努力，主要原因是高考之前的高强度应试教育导致进入大学后突然放松了对自己的要求。而在英国、美国，基础教育并不过分注重学生对知识的掌握，更注重兴趣的培养。学生们上了大学以后，发现很多知识他们并不懂，在兴趣的驱使下看书学习，效率高，进步快。大部分英美大学生是靠兴趣学习的，从事科研的人也是如此，因此即使国外科研人员总数不多，依然有很多突出成果。杨老师还提到，目前国内大学生的这种普遍现象从长远来看对整个社会并没有太大的危害，因为他们工作后遇到不懂的问题还是会去看书充电，而且随着知识的更新，几乎所有人都需要不断充电。

与子同行——倾听学生的声音

在谈到自己所从事的自动化专业时，杨老师说，自动化专业所涉及的知识面很广，最先源自第二次世界大战时期对于导弹飞行的控制问题，此学科在国内的设立源于苏联方面的引进，但在英美等国，基本没有单独设立学科，更多的内容是挂靠在电子工程学科下，这门学科主要研究控制理论的工程问题以及工程开发、控制系统的设计问题。

聊到杨老师所教授的课程时，杨老师认为，"电工技术"是一门比较简单、比较基础的课程，需要同学们掌握的内容也不是很多；"数字图像处理"偏向于编程以及最近很火的人工智能方向的研究；"计算机网络"则是一门有关网络判断、工业网络的课程。杨老师还说，在未来，随着5G物联网时代的到来，计算机网络方面的知识也会更加实用，希望同学们能够多了解相关知识，充实自我。

在本科生教学之外，杨老师还承担着研究生培养工作。他将研究生培养和科研工作紧密结合。在科研方面，杨老师主要侧重目前国内十分前沿的智能化机器人实际工程问题解决方法的研究。杨老师也乐于吸收一些具备独立分析能力的本科生加入他的科研团队。

曾在企业工作过的杨老师对目前的教育科研环境有着自己独到的见解，先进的教学理念与实际经验相结合的教学方法让他的本科生教学卓有成效。如今的中国，不管是中小学教师还是大学教师，也不管是青年教师还是资深教师，他们都把一腔热血投入到祖国的教书育人事业中，默默耕耘，为国家富强和社会发展培养出一批批合格人才，为祖国的人才培养大业添砖加瓦。祝福杨老师，祝愿他和他的学生们教学相长，一起收获累累硕果。

◎ 朱一方

# 实现梦想路上的标杆
## ——记上海大学上海美术学院宾慧中老师

"师者,所以传道受业解惑也。"韩愈的《师说》表述了自己对教师的理解。一个人之所以能成为别人的老师,不是因为他年长,而是因为在某一领域掌握了比别人更多的知识,因此能够被称为老师。从古至今,对于"道"的传授都是先于"业"而被摆在第一位的。何为"道"?往大了说是世间万物的真理,是能够解释所有问题的最本质方法。在我们的大学生活中,"道"体现在各个不同的方面,它可以说是学习的方法,是学习的态度,是影响我们做出任何一个选择的精神指导。

在学习中,"道"是掌握一切知识的大前提。教师对学生所传授的"道"就体现在教学过程的各个细节之中。所谓"严师出高徒",一位认真严谨的教师,能带给学生同样踏实的治学态度,这是不需要笔书口授就能从教师本身传递给学生的"道"。再如一位好学善问的教师,一位永远不满足于现有知识储备而继续不断深入学习的教师,他的学生一定也是虚心好学的。

一位教师身上的优秀品质,在日积月累的言传身教之中,慢慢就传授给了自己的学生。在很久之后,即使所有的知识点和概念全都被忘到了脑后,这些老师留下的"影子",还会伴随学生一生的学习和生活。

在进入大学的第三个年头,我遇到了这样一位老师,她有南方女性的精致外貌和温柔甜美的声音,讲起课来如行云流水般顺畅。我很喜欢听她讲课,因为她的课条理清晰,理论搭配案例,能够引领学生循序渐进地深入学习,不会因为跟不上老师的进度而在课堂上昏昏欲睡。她把每一堂课的教学内容都安排得满满当当，从进入教室到下课铃声响起，几乎每一秒都充分利用了，可以看得出每一个知识点都是精心准备过的。写到这里，我的脑海中又重新浮现出了那个在讲台上神采飞扬的宾慧中老师。

站在一群学生中间，你很难一下子认出她。外表上看起来跟我们年纪相差无几的她已经教书十余年。本科毕业留校，在与我们差不多的年纪，宾老师已经正式成为一名教师，开启了从一名优秀学生成长为优秀教师的历程。今天，如果作为她的学生能给老师打分的话，我也会毫不犹豫地为她打"优秀"。

在学习"中国建筑史"这门课程时，为了帮助我们更好地理解中国木结构建筑技术，老师带着全班同学到上海真如寺实地参观。那年深冬，我们刚刚进入寺院大门，天上就缓缓地飘起了雪来。这一天不是祭拜的日子，寺院里的香客和游人都很少，只有寺里的僧人路过大殿门口，好奇地驻足看看我们这群人在干什么。雪花飘落下来落到她的发丝上，轻柔而无声，像是知道这个长发女子现在正在履行她作为一名教师的神圣职责，生怕落得太重而惊扰了正在认真讲解的她。

雪越下越大了，我们进入殿内休息，在大雪天带着我们参观古建筑，宾老师身体不适还坚持为我们讲解数小时。在看到铺满白色雪花的瓦屋顶时，宾老师仿佛忘却了一身的疲惫，眼睛里忽然放射出激动的目光，那是一种对自己所热衷的事物激情。休息了一会儿，同学们四散开来，兴奋地在雪中到处拍照，她也拿着手机走到室外为这难得一见的古建筑雪景留下珍贵照片。

作为教师的认真负责，作为学者的严谨不懈，宾老师身上闪光的品质令我深深感动。

建筑系的设计课是一门自由度很高的课程。老师、学生要一对一讲评图纸。为一个学生修改图纸从半个小时到两三个小时都有可能。设计的安排是一天八节课。但是很多时候这个时间是不够给十个学生完全讲完的。对于学生来说，讲完自己的部分，一天的课程就结束了。但对于老师来说，有几个学生就需要多花几倍的时间，有的时候甚至还要在课程之外另找时间加班。在某一个设计课的第二天早晨，半梦半醒的我拿起手机打开了朋友圈，看到工作到凌晨才收工的宾老师，不由得惊叹不已。

建筑行业，不管是在设计院还是高校，都是一份非常辛苦的工作。作为一名女性，要承受这个行业不管国内外都存在的"重男轻女"的职业性别倾向。如果要做得跟男建筑师一样优秀甚至更加优秀，女性要付出更多的努力。宾老师就是这样一个优秀而努力的人。她和建筑系所有的女老师们一样，都身体力行地告诉女学生，性别不是阻碍女性追逐梦想的绊脚石，女性依旧可以通过自己的努力，成为梦想中的建筑师。她们就是这样的导师，成为我们实现梦想路上的标杆，在我们需要的时候出现，给予我们帮助，给予我们信心。

从小到大，我们会遇到各种各样的老师，他们有的严格，有的幽默，有的如匆匆过客，有的却会在我们的生命里永远留下印记。一名好的老师教会我们知识，教会我们如何获取知识，更教会我们如何做一个更加优秀的人。

或许在将来，还会有越来越多的人进入我的生命，在我成长的轨迹上留下不同的痕迹。很多时候我会忘却，忘却哪位老师曾经给我讲过一堂课，忘记哪位老师的一声呵斥，但是在我写完论文、检查格式的时候，在画完图纸、准备标注的时候，我总会情不自禁地想起宾老师，想起她的样子。

我将会带着她给予我的一切，继续成长。

◎ 王淳雅

## 老马识途引弟子，烛亮光辉照古今
### ——记上海大学管理学院马亮老师

2017—2018 学年秋季学期，我选了高年级研讨课程，结识了马亮老师。他在我人生的转折点上给了我极大的帮助。他是良师，更是益友。他将自己在斯坦福大学求学时的理念与上海世博会的项目管理实战经验完美结合起来，为我们带来了高质量的课程享受。

马亮老师的课程是我在本科阶段上过的最引人入胜的课程。不同于其他的理论课，他的"项目管理案例与实务"课程本身就像一个项目，每个同学都能够切实地成为项目中的一分子，提出自己的思考和想法，共同提升和完善项目，并能够从中收获知识、社会资源甚至提高思想认识。

首先，马亮老师的课程参与感极强。第一堂课，马亮老师就告知我们，课程作业和讨论会被收录到老师正在编著的《项目人生》一书。他布置的作业是学生每次课后必须提交 100 字左右的见解或意见，这极大地提升了同学们的课程参与感。全班 30 个同学为了一个共同目标而努力，我们不再是普通的同学关系，更是项目伙伴，每个人的努力都有意义，为项目作出了三十分之一的贡献。马老师仔细阅读课程反馈，会根据同学们课程知识的消化情况，进行二次反馈。这样"车轮式"的反馈和改进过程让每节课都能抓住学生的眼球，提升学习质量。马老师对我说，学生们对于课程的参与感是教学中非常重要的一环，就如同听音乐的人不只是戴着耳机自己听，而且还要去购票参与演唱会。与同辈和老师的沟通可以帮助学生提升参与感，进而习得更多。

其次，马老师的课程内容丰富且"接地气"。短短十周，马亮老师请到了来自不同专业领域的 8 位项目管理界精英和我们面对面，项目领域横跨工程、媒体、法务、文化创意等，我们在聆听他们经营项目的故事之后，不但可以在课上提出自己的问题，还可以在课后去分组采访他们。面对面的沟通让我们不仅为他们的管理能力所折服，更被他们的人格魅力所吸引。我们在学习管理技巧和理论知识的同时，也领略了他们的领导魅力。比如，我们小组采访的是《人间世》的导演范士广老师。他是一位极具社会责任感和历史使命感的导演。我们被他为推动社会进步而努力耕耘的理想主义精神所感动。我们在课外实地探访精英的工作环境，感受项目管理的魅力，对各位老师进行采访与交流的过程，也是学习和吸收知识的过程。这正应了上海大学一直以来的人才培养理念，即钱伟长老校长说过的"学生培养更重要在课外"！

如果说课堂教学在于"授业、解惑"，那么马亮老师对每个学生的培养可谓是师者的最高境界：传道。通过每个学生的课堂表现和课后小结，他能够发掘出每个人的闪光点，因材施教并做到言传身教。当时，我正处于人生和理想的迷茫期，不知未来应当何去何从。正是在那时，马老师主动关心我。因此，我才有勇气将郁积在心的困惑倾诉出来。马老师并没有否定我的想法，反而鼓励我应该主动追求理想。之后，他不断地为我提供实践机会，帮助我让理想之光一点点照进现实；而我也向马老师当年借调到上海世博局参与筹办上海世博会时的"白天世博、晚上博士"的精神看齐，在实践的同时努力学习理论知识，更加积极、主动、自信地为自己的理想拼搏。同样地，与我一起上这门课的同学们也都或多或少地在马老师的帮助和影响下，顺利地完成了本科教育以及向下一阶段的转化。有时，大家谈起马老师的课程都会打趣说，马老师的课不是简单的高年级研讨课，而是一堂人生课。

马老师很年轻，但他却像一匹识途的"老马"，在走过人生的风雨历程之后，不仅仅专注于自己在学术上的躬耕，也将自己的经验和积累用于对新生代人才的培养。师者仁心，如是足矣。

◎ 宋笛菲

# 热爱课堂的老师
## ——访上海大学生命科学学院黄海老师

网上看到了学校教务处发起的上海大学第二届"走进您的教书育人故事里"征文活动,我有幸去采访生命科学学院的黄海老师。他给我讲述了他在执教生涯中的一些故事与经历。

黄海老师是我参与的创新项目的带队老师,平日里就觉得黄老师十分和蔼可亲,问他有关项目的问题他一定是有问必答的。他是一位非常有魅力的老师。我们所做的项目"测定食堂各种菜肴的卡路里"也是他提出的,是一个非常有意思的项目。从访谈中我了解到黄老师的父亲也是位大学老师,他从小就在教书育人的氛围中耳濡目染,因此他日后会成为老师并不是意外,而从事生命科学的研究也是他最初的选择。黄老师从教多年到现在他依旧不忘初心,奋斗在教育与科研的第一线。他主要负责研究生的课程教学,也上了两门本科生的课。从黄老师聊起他课程的神情中我就可以知道,这是一位热爱课堂的老师。令我印象最深刻的是他会在课堂上进行小活动,而他和同学们最喜欢的是讨论问题的环节,本以为会是一些专业问题,但却是一些非常有意思、非常异想天开的问题,比如一百年的星际航行等,这能够充分调动学生的积极性,并引导学生逐渐学会对一些比较专业的问题进行思考探究。虽然采访时间非常短暂,但让我第一次真正"走近"了黄海老师,让我能从不同的角度来了解他,这次的采访我觉得非常有意义。

Q1:您目前的研究方向是什么?

A1:我的研究方向主要有两大块,一块是研究干细胞的分化,另一块是高血脂、动脉硬化、心肌梗死、中风等血脂代谢方面的研究。

**Q2**：您能简单介绍一下您教授的"生命科学导论"及"生命的奥秘"两门课程吗？

**A2**："生命科学导论"这门课主要是针对经管、人文大类开设的公共基础课。我们需要花费了很多时间和精力来准备它。因为选课的同学面非常广，层次也有深有浅，因此在课程的编排上我们花费了很长时间。刚开设的时候，课程组的老师都要不断讨论每个章节要讲什么内容，每个学期结束之后，会听听同学们的意见，看看哪些内容需要增补，哪些内容同学们感兴趣，从而随时更新一些教学内容。

"生命的奥秘"是学校的一门理工类核心通识课，课上我们会更多地讲一些生命科学的最新进展情况，同时会结合其他学科知识来进行深入探讨。比如讲进化大家肯定会觉得没兴趣，但进化可以用在很多方面，如遗传算法就是一个进化的思想。再比如说人工智能，在2014年，整个生物学有很大的突破，人们可以在大脑局部的十几个细胞之间，给一个信号进去，看这些细胞之间如何存储信息，让人们更好地了解大脑是如何工作的。我们开这门课，一来可以切入到最新的知识点，二来考虑到选课的同学对这方面会感兴趣，课程可以更加契合大家的需要。当然，我们有更多的课堂活动。我认为大学的课不仅仅是学东西，更多的是不同学科的同学在课堂上抓住这样一个机遇，彼此交流思想，碰撞出思维的火花。

**Q3**：您觉得课堂上最有意义、最受同学们喜欢的活动是什么？

**A3**：我认为同学们最喜欢的应该是小组的活动，例如小组之间做一些讨论。我们给小组一个话题，让大家在课后去讨论它，每节课会到各个小组去询问情况，并让同学把自己讨论的结果用两到三分钟讲一讲。我们的题目也很有趣，比如说要做一百年的星际航行，怎么来处理这个问题？有同学们说冰冻或者催眠，还有同学说做机器人，等等。我们要做一个让志同道合的同学聚在一起的话题讨论。

**Q4**：刚刚提到了人工智能方面，请问生命科学也涉及人工智能吗？

**A4**：人工智能不仅仅是一些算法，我们更加感兴趣的是，你的思维是什么？

你的思维可不可以记录下来，使之信号化？人不会长生，但你可以克隆一个人，使其具有你的思想，如果把思想变成一个代码，那就可以 copy 下去，就可以永生，当然也可以侵入别人的脑袋，现在也有很多科学家在做记忆植入和记忆抽取方面的研究。

Q5：请问生命科学在本科生与研究生课程方面有什么区别？

A5：深入的研究是由研究生来做，本科生首先要了解生命科学的大框架，其次还要有一定的工程基础。本科生毕业后可以从事生物医药、细胞因子等生物类产品的生产和抗生素等药物的生产类工作。

◎ 沈心澄

# 走近"教学成果奖"获得者

# "知行合一"铸就新时代的人文栋梁
## ——访上海大学文学院陶飞亚老师

适逢教师节,我们来到上海大学文学院,访问文学院原院长、著名历史学教授陶飞亚老师。他领衔的"依托国家社科重大项目促进人文学科人才培养模式创新"荣获上海市教学成果奖一等奖,其他完成人为宁镇疆、张寅彭、谢维扬、徐有威、董乃斌、邵炳军、曾军、杨位俭、舒健。

"这个奖项来之不易,包含着有很多老师和同学的共同努力,也有教务处和文学院的大力支持。"陶飞亚强调。陶老师的"汉语基督教文献书目的整理与研究"项目、上海大学中文系张寅彭教授的"清诗话全编"项目、上海大学历史系谢维扬教授的"中国国家起源研究的理论与方法"项目、上海大学历史系徐有威教授的"小三线建设资料的整理和研究"项目等七个国家社科基金重大项目都为"依托国家社科重大项目促进人文学科人才培养模式创新"这一成果提供了重要的机会与平台。

### 动员学生力量,提供广阔平台

在交流的过程中,陶飞亚老师提到,在"汉语基督教文献书目的整理与研究"项目中,至少有40位研究生贡献了他们的力量。"2013年,我招了3个研究生,在他们报到前就给他们写信,邀请他们参与这个项目。在学校社区管理部的协助下,他们很快在学校安顿下来,参加培训后立即投入书目文献整理工作。"从2013级开始共有五届学生参与了这一研究活动。为了搜集文献,他们几乎跑遍了全国重要的图书文献中心,有的还由老师带队到台湾、香港等地以及美国耶鲁大学、哈佛大学、哥伦比亚大学及韩国首尔延世大学图书馆查找文献。"真是非常感谢我们这些同学，没有他们的努力就没有今天的成果。同学们也在工作中锻炼成长，有的从硕士一直读到了博士。"谈到这里，陶教授眼中满是真情，真心地为同学们的成长感到欣慰。

陶老师桌上堆着满满的资料，放眼望去皆是书册。可以想见他平时工作的烦琐以及工作量的浩大。"汉语基督教文献书目的整理与研究"项目自2012年批准立项，既有整理宗教文献资料的学术意义，也有响应党中央提出"坚持宗教的中国化方向"的社会意义。国家社科规划办曾对该项目进行三次拨款。因为项目的工作量太大了，为了能按时高质量地完成这个项目，当时，他邀请学生参加，也希望得到同学们的支持配合。

实际上，每一位老师在做课题的时候都会有研究生参与其中，而真正推动"依托国家社科重大项目促进人文学科人才培养模式创新"这一成果的是时任上海大学文学院副院长的曾军教授。他提出文学院这些重大项目可以整合起来，不仅要做好科研，而且要培养从本科生到研究生的各个层次的人才。这一想法使得本来在各项目上自发地培养人才上升到教授们用科研反哺培养人才的自觉行为。从此文学院的多个国家重大项目开始了有系统、有计划地通过大项目来培养学生的工作、科研、交际和生活等各个方面的能力。老师们将机会、资源系统化地结合起来。在这个新的平台上，老师充分信任学生，给学生创造更多的学习、实践和展示的机会。结果表明，"人文学科人才培养模式创新"成果是一个双赢的项目，教师和学生都有满满的收获，特别是同学们逐步成长为可以解决各种问题具有较强"知行合一"能力的创新人才。

## 文科学生走出象牙塔，独立探究来到第一线

人文学科的学生较为传统的学习任务大多局限于听老师讲授知识以及自己的课后阅读，少有自己动手的活动。学科的特殊性使学生缺少实践的经验。恰好此次的国家社科重大项目主要的工作是文献的整理，十分适合研究生、甚至本科生参与进来。由此一来，学生们的短板就得到了切实的弥补。"他们做了大量的资料收集工作。本来文科学习只是读书看书，现在变成需要'动手动脚'

找资料。这是一个很复杂的过程，不是人在那里资料就会自己过来的，而是要到各个图书馆去找。"陶飞亚老师向我们阐述了这其中的不同。想要做好项目，学生就不能再继续待在象牙塔中，而是要走到更广阔的外界，到资料堆中去阅读、挑选。"我们在上海图书馆待了很长时间，主要做的就是找书，认识这本书，再总结这本书，最后将书按照一定的规范放入数据库当中去。"

这和之前被动接受老师的知识、只阅读所提供的参考书目为自己所用的传统学习方式是大不一样的。学生们面对的是巨大的信息量，需要依照独立的判断来寻找、挑选，也需要自己的熟悉、理解、总结和归纳。在整理汉语基督教文献书目的过程中，一批自 1949 年放置至今的书籍得到了开放。上海图书馆将所有的书籍都搬了出来，而上海大学的学生和老师赶至现场，一本一本地翻阅。

"这本书是属于明朝的还是清朝的？晚清的还是清中前期的？是属于天主教、基督教还是东正教的？是反对还是维护基督教的？是属于宗教性还是科学性的？是医学还是物理学？本来同学们只需要听老师讲，现在是把他们放到了前线。"陶飞亚老师描述道。这对每一个参与其中的同学都是一次能力的考量和提升。除此之外，他们更要走进社会。陶飞亚老师笑言："你找资料，就需要和图书馆的人打交道，万一人家不高兴，就不给你看了。"虽是玩笑，却也是现实。大学生若要为社会、为国家做贡献，融入进去是一个基本的前提，可见懂得如何与人相处是多么重要。陶飞亚老师告诉我们，有些同学一开始就展现出了出色的能力，认真负责；而有些同学则需要不断地批评、引导，最后也有了技能的提升和态度的转变。因此，考核同学的方式不再局限于论文、成绩，而是结合了实践的能力。这样更加多样化的考核标准，对学生综合素质的提高，具有极大的推动作用。

然而，不仅仅是文科学生，当代大学生中缺乏实验精神、社会经验乃至生活技能的也不在少数。陶老师分享道："一次和一位美国教授一起为选拔研究生赴海外孔子学校做 interview。美国教授每次只问三个问题，'英语怎么样？''谈过恋爱吗？''会开车吗？'。因为他认为，英语是到海外必须的知识，有谈恋爱的经历就意味着成熟起来，不再会因为一些小事寻死觅活，而会开车则能增加一个人的勇气和扩大你的活动范围。"陶飞亚老师提到要更好地为国家和社会服务,更好地面对生活,只懂得学术知识,依赖家长、老师是不够的。这个创新人才的培养模式就是要让学生走向一线。最初让学生跟着老师走,最后是同学们自己走,走到香港、广东、四川、河南等地,学会独自面对社会,解决各种问题,完成研究任务。

### 初获成效后大力推广,为社会培养新型人才

陶飞亚老师还与我们分享了在整理文献过程中发生的一个小插曲。有两个参与项目的学生先后参加了上海图书馆的应聘,都得到了图书馆的热烈欢迎。陶老师去上海图书馆开会时,馆领导认为上海大学的学生们工作十分出色。

"依托国家社科重大项目促进人文学科人才培养模式创新"项目确实地培养了一批踏实、能干的人才,而人才培养的方法也因这一项目的大受好评而得到了推广。陶飞亚老师说:"通过这一课题的实施,我们文学院都意识到一个重大的课题不仅仅是给老师的机会,也是给同学们的机会。凡是有可能的情况,都要吸收同学们参加,使同学们在实际的工作当中增强自己的能力。各种课题都可以。"今年他还计划改革,准备邀请有经验的博士生,由他来负责,做一个小范围学术的组织者,来学习怎么推动一个学术项目的研究,同时培养自己的领导和组织能力,增强竞争力。

在推动这个项目的过程中,为保证其顺利进行,团队中的教授们经常开会讨论措施。开会时还会邀请学生参加,一则减免了通知的麻烦,二则可以听取学生的意见,为项目注入新的想法和活力,达到教学相长的境界。在推进项目的过程中,老师越来越信任学生,放手让学生承担各种工作,学生也越来越愿意与老师交流,培养出既是师生也是师友的合作伙伴关系。陶飞亚老师现在的一名硕士生陈欢欢告诉我们:"陶飞亚老师布置工作的方式比较简单,一般是他下达任务,之后所有的具体工作几乎都是依靠学生自己的能力去将它完成。而每次分配任务都是按照学生上一次的工作情况来决定的。"这样一来,就意味着每一次的任务,无论有多困难,都需要竭尽全力做好。这样的训练,是非常能促进人成长的。其中最大的变化就是思考问题的方式以及规划能力和自理

能力。"在此之前,我遇到棘手的任务一般都是推脱,而现在我就能够勇敢地面对它们、完成它们!"

陶飞亚老师希望认真总结这一人才培养新模式的经验和不足之处,为其他重大项目培养人才作参考,在适宜使用的项目中发挥用武之地。若所有的学生都可以在合适的项目中获得宝贵的实践操作经验、生活交际技巧,那么将来学校一定能输出更多的创新型人才,成为祖国之栋梁。

◎ 唐心怡　丁志文

与子同行——倾听学生的声音

# 求新求变，迈出教育改革坚实一步
## ——访上海大学土木工程系叶志明老师

叶志明老师是现任上海大学土木工程系教授、博导，曾任上海大学音乐学院院委会主任、上海大学原副校长。在 2017 年上海市教学成果奖评审中，叶志明教授的两个项目"以大类招生为突破口的本科人才培养改革实践"和"互联网+土木工程系列课程教学改革实践"荣获上海市教学成果一等奖。

"你们每个人高考填报志愿的时候，都要选择'是否调剂'，大部分人不敢填'否'，但是在一个你不喜欢的专业度过大学这四年，是很窝囊的一件事。"叶教授说出了推进大类招生的初衷。

现行的高考制度，让学生在进入大学之前对自己的专业所知甚少，当进入大学之后想换专业又存在着诸多限制。基于"让学生进入心仪的专业"的目标，2011 年，由叶志明牵头实施的"大类招生"方案在上海大学正式落地。"大类招生"的具体实施内容是：在本科招生时，只分为人文、理工、经管三个大类（特殊招生除外），在大一结束后，根据"高考成绩（换算后）+大一学年成绩+综合评价成绩"测算，进行专业分流。通过一年的通识教育，学生适应了大学的生活，了解了各个专业的情况和师资力量，明晰了自己更想去哪个专业。高考成绩并不占优势的学生可以通过大一的努力来提高成绩，进入自己满意的专业，高考成绩占优势的学生因为专业分流，同样在大一学年不敢懈怠。

推进大类招生改革，也是推进各学院良性竞争的重要机制。不少学院为了适应专业分流，改变了自身的招生计划和教学大纲。

"以前学院是不担心生源的，因为招生计划已经确定了名额、数量，这是典型的'计划经济'思维。"叶志明说。实行"大类招生"之后，各专业招生从"学院主导"成为"学生主导"，学生进入自己满意专业的比例大幅上升。引进专业分流的机制后，学院"凭本事"招人的趋势已经非常明显了。在专业分流前夕，各大专业都会举行专业分流宣讲，宣传自己的学院和专业。在未实行"大类招生"和专业分流之前，这种情况是难以想象的。

"大类招生"和"通识教育"是教育教学改革的一体两面，在上海大学，通识教育有着与专业课程同等重要的地位，大部分学生在一年级都会接受通识教育。通识教育的目的在于拓宽学生的知识面，在专业性上会尽量地降低难度以降低选课的门槛，学生在通识课堂上获得新知的同时，也对通识课中涉及的专业有所了解，为今后自己选择专业奠定基础。这样一来，学生的专业选择远比高考时填报志愿的"两眼一抹黑，跟着感觉走"要科学许多。"别的大学也有类似'大类招生''专业分流'的做法，但大都是在专业学院内部的分流，真正做到'大'的，我可以说全国范围内只有上海大学一家。"叶老师说。

当然，"大类招生"在施行之初也曾招致不少非议。有人提出，市场竞争的思维已经使高校失去了"人类精神家园"的称号，成为职业技术人员的培养机构，因为学生自主选择专业，就业前景会成为一个重要的考量标准，应用型学科会更有吸引力，一些理论性的学科在这方面是有天然劣势的。

另外一个问题是专业教育和通识教育的矛盾。因为大一的通识教育，专业课程的学习少了一年，加之大四的任务主要是实习和毕业论文，专业课程学习就只剩两年，通识课程对专业课程的压缩引起了争议。

对此，叶志明表示，对于一些长线发展的理论学科如文、史、哲、理、化、生，学校会给予学科内成绩靠前的学生奖学金或是减免学费。通过这些方式，为这些理论学科留住优秀人才。

对于专业教育和通识教育的矛盾，叶老师有自己的见解，他认为把通识教育和专业教育对立起来看是有失偏颇的，并不是只有专业学习才是上了大学，通识课同样能拓展学生的知识面，提升学生思考和解决问题的能力。

除了"大类招生"项目，叶老师在任上海大学副校长期间，还推行了新生研讨课项目的落地。该课程是新生阶段的必选项目。"新生研讨课的授课教师必须是正教授级别。"叶老师说道。这样的安排是基于正教授级别的教师不光有过硬的专业素养，还有丰富的人生阅历，可以在课堂上"讲故事"，学生在与这些高资历教师的交流中，能汲取超越知识层面的营养。

当提及另一个获奖项目"互联网＋土木工程系列课程教学改革实践"时，叶老师更加感慨，因为他最早是在土木工程系任教的，至今已有四十余年，对于土木专业教学的转变深有感触。

叶志明老师表示，这次的"互联网＋土木工程"项目并不是近几年"互联网＋"概念受到社会广泛关注后提出的。早在2000年，当时互联网还不是很普及，那时候就有意识地将网络和教学结合在一起，直到今天，土木工程系还在不断探索互联网和教学的结合。"引入互联网之后，学生能更真切地理解到课程内容相互的联系。过去土木工程系的专业学习是'只见树木，不见森林'。看整体和看局部，对于学生思维的拓展是完全不一样的。"叶老师如是说。同时运用互联网＋技术，使得在对实践能力要求很高的土木工程类专业学习中，可以很好地将工程实际方便地引入课堂教学，互联网还拓展了师生间教与学的交流空间，大大地提高了教与学的效率和效果。

的确，将互联网引进教学带来了很多便利，叶老师向记者展示了一本土木工程专业的教科书。课本的侧边是二维码，学生扫描这个二维码就可以获得书本内容的解释。"以前学生必须要到现场才能看到、学到东西，现在手机一扫就可以完成。"叶教授说道。

通过了解，我们还获悉叶教授本人是一个小提琴爱好者，当提及艺术对于学生培养的影响时，他表示，艺术训练对于学生来说，更多的是心性上的养成。

任何成功的音乐演奏家，都具备以下这些优秀品质：持之以恒，耐得住寂寞，追求完美，注意细节，善于合作，勇于创新。"无论你从事哪一个领域，想要成功必须要具备这些条件。"叶老师还提到，艺术审美对于一个学生的全面发展也是至关重要的。在上大的教学要求中，每个学生在大学四年期间都要至少选修一门艺术方面的课程，这也看得出校方对于学生艺术修养的关注。

"现在想来，我认为几十年在工作中，从小严格的音乐训练对我的帮助是非常大的。"叶老师说。

谈到这四十年的教育经历,叶志明老师感慨道:"高等教育的内容是不断在变的,我们在学校里习得的新技术,可能到了工作岗位上后,就发现已经过时了。当然有一点,我认为是不会变的,那就是教会学生正确的思维方式以及批判与质疑的精神。这才是高等教育的灵魂,也是在未来让学生终身受益的地方。我现在使用的东西,大多数不是我在学校里习得的,但是我依旧可以驾驭,可以运用自如。这就是掌握了正确的思维方式。"

在教学过程中,叶老师表示愿意和学生进行交流,甚至是争论。"有思想的碰撞后才会有创新的火花。但特立独行有时并不是坏事,我本人也有些特立独行。"叶志明老师说。

叶老师在四十年从教历程里,共获得了国家级与上海市级教学成果奖十项:其中主持的两项国家级教学成果二等奖、一项上海市级教学成果特等奖、六项上海市级教学成果一等奖、一项上海市级教学成果二等奖;他还获得了三项国家级与市级优秀教材奖,其中国家级优秀教材二等奖一项、上海市级优秀教材一等奖两项。叶老师还是上海高校首届教学名师奖获得者,几十年来他在教师事业上取得了丰硕的成果。

展望高等教育改革的前路,叶志明老师也有自己的想法。"个人的成就,即便再大,也只是一个,教育教学改革的成功,需要整个系统方方面面的协同贡献。"叶老师表示,拿"大类招生"来讲,"大类招生"是教育教学改革的一部分,真正要解决好这个问题,需要学院、学校、上级部门乃至社会等多方面的协同与配合,如果其他政策不配套,不光我们的教育教学改革无法推进,甚至还会后退。"逆水行舟,不进则退",这个道理在教育改革中同样适用。

◎ 郑浩威　班琳琳

## "企业+高校"协同模式铸就电子商务新人才
### ——访上海大学管理学院熊励老师

2018年5月,上海市2017年高等教育教学成果奖公布。上海大学管理学院信息管理系博士生导师熊励教授带领团队申报的"'互联网+'背景下电子商务创新创业人才协同培养模式与实践路径"项目荣获一等奖。

熊励老师专攻电子商务及其信息服务,她目光敏锐地意识到现今电商行业人才缺乏,高校培育的人才对电商行业也了解甚少。因此,如何培育出为电商企业所用的高校电子商务人才,成了熊励及其团队的首要研究课题。

### "电商的发展,业界优于高校,也先于学者"

提及电子商务人才的培养方式,熊励表示,"电商的发展,业界优于高校,也先于学者"。目前中国电子商务处在全球领先地位,已经不是一个专业就能够培养出来的了,每年也有不少企业招聘大批人才,却并不是适合企业的人才。当进一步问到是什么造成这种社会现象时,熊励毫不避讳地说出了她的观点:"可能是因为教学、研究项目与社会脱节吧。"

那么如何解决这个问题呢?熊励及其团队提出了新的教学理念——以电子商务产业链的人才需求为导向,以电子商务平台、支付、物流等协同创新理论为支撑,运用"厚基础、活模块、强技能、重创新"的培养理念,实现电子商务创新创业人才培养模式创新;建立"组织协同—学科协同—课程协同—赛事协同—创业协同"的多维度协同培养机制,全方位提高大学生创新意识、创意思维和创业精神;通过"课堂—实习—竞赛—创业"多环节融合教育培养实践,激发相关专业学生创新创业潜能。

### 教育的创新要紧跟电商时代的发展

"我们所关注的,是不是市场所关注的?电子商务的发展在全球没有样板,在中国大家熟知的电商都是基于互联网而发展起来的,当企业想做得更好时,就需要创新。"

当我们平时说到"电子商务"这一名词时,比较多的学生对此的理解还仅仅停留在淘宝、京东等平台的网上购物而已。但是现在电子商务的涉及范围远远不止这些,不少电商企业在行业的迅猛发展中,通过不断创新,才使得自身脚跟站稳。

电子商务可以理解为是传统商业活动各环节的电子化、网络化、信息化。从 B2B(Business-to-Business) 到 O2O(Online-to-Offline)的 3.0 时代,电子商务从以商品交换为中心,升级到以服务、数字等为卖点的多种电商模式,因此电商企业开始将各自服务领域凸显出来。如"速递易"专注于快递物流,"美味不用等"专注于高端餐厅排位等座,或是与大学生息息相关的、将自己服务领域平台化发展的"饿了么"。从早先的外卖到现在的蜂鸟系统——通过平台注册,加盟商提供商品,企业提供配送服务,共同解决客户订单。

面对电商行业的迅速发展,高校的教育方式也不能止步不前。熊励及其团队依托协同理论和新时代"互联网+"的机遇,构建了多维度协同培养体系"组织协同—学科协同—课程协同—赛事协同—创业协同"。熊励教授进一步解释道:"组织协同是指发挥校内外组织,构建'管理学院—学校教务处—互联网企业—电商促进中心'等模式;学科协同是指打破学科壁垒和增强学科互动与融合,构建'电子商务+其他学科'的新形式;课程协同是指运用全校教学资源,构建双圈课程协同模式,'内圈'涵盖研讨课、通识课、院系平台课、全英示范课,而'外圈'则是技术基础、管理基础、经济金融财管基础以及实践能力;至于赛事协同是指运用校院团委和学工部门资源,将课程与比赛相连接,构建'学生培养选拔—初赛组织指导—市赛重点培育—国赛总结和创业推荐'的协同模式,有效地让课程内容实践转化成果体现出来。创业指导创新是通过内外资源深入协同运作，构建创新、创意及创业协同模式'组织选拔推荐—创业基地指导—创业实践落地'。培育企业真正需要的电商人才，也尽量让学生的好项目得到企业的支持。"

## 电商行业的监管既要靠法律也要靠自律

众所周知，在我国电子商务的发展势头是迅猛的。它以更广阔的市场、更合适的价格、更快速的流通赢得消费者特别是年轻人的青睐。但是因为行业门槛变低，也导致越来越多的电商负面新闻在近几年频频成为热点。比如赴美上市的拼多多接连被曝售假、滴滴顺风车乘客遇害等。熊励教授提及："中国电子商务从1999年开始，到现阶段的纵深发展，历时近二十年。我国在2018年8月底终于通过《中华人民共和国电子商务法》，它的发布将促进电子商务行业在发展中规范、在规范中发展。《电商法》规定：对关系消费者生命健康的商品或者服务，电子商务平台经营者对平台内经营者的资质资格未尽到审核义务，或者对消费者未尽到安全保障义务，造成消费者损害的，依法承担相应的责任。应适当地加强对电子商务消费者的保护力度，防止第三方平台推卸责任。"

但是除了法律对于电商的监管与约束外，更要靠经营者以及第三方平台的自律。熊励表示，"电子商务行业需要自觉意识和坚守职业操守的自律意识"。电商行业采用先发展后监管的发展方式，很多时候面对未来的不可预期的行业"黑洞"，比起社会大众的反馈、政府出台更新《电商法》，更需要的是电商行业的自觉自律，以此行业、社会、政府三方才能共同维护电商行业健康稳定发展。

熊励还强调："高校向行业输出的电商人才不仅要理论与实践达标，更应该注重培养学生的素质与职业操守。"上海大学老校长钱伟长院士把"先天下之忧而忧，后天下之乐而乐"作为上海大学校训，其用意也是劝诫上大师生以天下为己任。何谓"以天下为己任"？恪守自律，心怀天下。电商行业发展前景十分诱人，高校学子应该恪守自律，不仅要抵制以纯盈利为目的的过度包装和欺瞒消费者的不良行为,还应该心怀天下,引导行业健康发展。正如熊励老师的协同培养理念——一方面高校人才要了解企业,另一面也要指导企业发展。

◎ 王淑敏

# 以学生为中心，做学生课程学习的引导者
## ——访上海大学数码艺术学院马欢春老师

马欢春老师是上海大学数码艺术学院文化经济教学部副教授、硕士生导师，文化创意产业研究中心主任。他积极倡导以课题为驱动的教学模式，提出新的课题定义、课题驱动的教学概念、课题的内容设置与教学要求、课题的来源与需要对接、课题驱动的教学模式与实践应用的相结合等，并多次获得课程建设方面的奖项。面对此次获得上海市教学成果奖一等奖，马欢春谦虚地表示道："我的工作只是为缩短高校与社会需求之间的距离，为课程教学尽自己的一份力量。"

### 初心：教学模式改革，从我做起

2009 年，马欢春来到上海大学，拿起粉笔成了数码艺术学院的一名教师。以往在社会层面的多种经历，使他更深切地感受到了传统教学与社会需求之间存在一定的脱节，"教材单一，照本宣科，缺乏变化，无法紧跟时代"。经过一番琢磨，他选择以自己的一种方式来进行教学，希望能够提供学生真正需要的学习内容。每次教学，他通过完成与课程内容相关的课题来锻炼学生。经过不断的接受、反馈与改进，这个方法不仅有了"课题驱动"这个新名字，还产生了一批优秀课程并取得了一定成果，形成了一种新的教学模式。

所谓"课题驱动"，是在教学内容设置基础上，在课程教学开始，以问题解决为目标，将课题作为课程驱动的引擎，提前置入课程教学中并强化课题的引导、启发作用，对学生的学习兴趣、学习态度和学习状态，进行课题式的启

发和诱导。马欢春以他所开设的一门通识课"《孙子兵法》与商业策略"为例进行了具体介绍。首先，学生选择自己最感兴趣的商业话题，领域范围不受限制；其次，在老师的指导下挖掘出有价值的课题，以小组形式进行讨论、分析和研究；最后形成各小组课题报告。最终的课堂演示精彩纷呈。虽然只是短短几分钟，同学们对课题报告的演示文件都进行了精心打磨，图文并茂、动静相宜、创意十足，展示了丰富多彩的商业策略方面的课题成果。

通过十周为一学期的课程学习和课题锻炼，学生都能有真正的收获，并且将原先被动学习状态转变为了自发的更为积极的学习态度，学生从聆听者变成了参与者、研讨者，最终成为一个学习成果的创造者，这对于其他课程和以后的学习都有很大帮助。

## 把责任心具体化为方式方法

"课题驱动"教学模式对教师提出了更高的要求。老师需要不断汲取知识和能量，做好学生的引路人。马欢春老师在任课期间，一直坚持认真备课，即使一门课程已经开设了好几年，框架和内容已经十分完善。他说，虽然课程是同一门，但是时代和社会都在变化，上课面对的是新的学生，所以课程内容也需要不断更新。

为了能够更好地了解学生，马老师会在课程一开始，就让学生填写选课情况表，他希望了解学生的学习特点、选课的理由和对这门课的期待，这体现了马老师对每一个学生更为深入的关心。考虑到学生做课题的方便和对要求的正确理解，马欢春在任务布置方面可谓细致入微。"学生在执行过程中可能遇到什么问题，你当老师的要先想到"。对于学生的期待也来源于对自己的严格要求，他强调："我决不允许学生在我的课上挂科，甚至成绩低于75分。我不会让任何一个学生落下，不然会质疑自己有没有尽到老师的责任。作为一个老师，对学生的关心应该伴随学习的整个过程。"

马欢春认为，老师的责任心是至关重要的，特别是在"课题驱动"这样一个教学模式下。老师的责任心就是对于学生的关心和呵护。一定要将责任心转化为去帮助学生如何面对和解决问题的行动上。这里的问题，不仅仅是学术层面的，也是为人处事方面的。大学生正处在接纳、获取、修正、定型的阶段，具有一定的可塑性，需要老师的推拉和鞭策。马老师是这么说的，也是这么做的，他一方面能够与学生谈天说地，另一方面则用一个个切实可行的课题任务来推动着课程教学内容的开展。

### "课题驱动"，不受专业限制

"课题驱动"教学模式不受专业、学科的局限。它是一种方式和手段，是可以带动课程教学、激发课程活力的强有力的工具。不管是怎样的学科和专业，它的理论知识都可以与热门的话题、事件相结合，现在的学科和专业没有孤立存在的，它总能与社会产生联系。课程是预置与动态、局部与整体的结合。马老师非常希望这种"课题驱动"模式能够在其他专业的课程教学中应用和推广。

马欢春在七八年的"课题驱动"教学模式的构建实践中，不断坚持改进和完善。他重视学生的反馈，不断调整课题的设置，使之更能调动学生的热情，运用多渠道保持与学生交流和互动的密切联系。他运用上海大学网上教学辅助平台，为课程建立独立的视频课程网站，运用百度网盘进行资料的分享，组建课程微信群……通过各种方式促进学生交流互动和自主学习。马欢春说，希望自己能做知识的转换者，而不是传递者，把知识转换成为学生的能力，帮助学生成人，培养学生成才。

### 团队合作，不断探索创新

谈及自己团队的各位老师，马欢春直言"都是非常优秀的老师，大家经常在一起交流"。马欢春细数了团队每个人的主要成果和研究方向，还讲到上午刚刚和李晓溪老师探讨了"课课联动"的计划。大家都在不断探索交流"课题驱动"的更多可能性，而经过大家的努力，"课题驱动"在数码艺术学院已经应用到很多课程中。

对于自己的未来，马欢春只说"就是要做好一个普通的老师嘛"。虽然当老师清苦一点，但是做让更多人获益的事情，培育人才，挖掘人才，让学生成为有用之才是他的一种价值。

马老师也希望，更多的教师能够站在学生的需求这样一个出发点上，真正做到以学生为中心，找到具体的手段、方式和路径来实现课程的教学目标，不要让它仅仅成为一个口号。

◎ 薛　哲　董佳媛

与子同行——倾听学生的声音

# 搭建大学与中学数学衔接和贯通的立交桥
## ——访上海大学理学院王卿文老师

2017年上海市教学成果奖获奖名单公布，上海大学理学院数学系申报的"依托数学实践工作站构建大学中学数学素养培育的立交桥"获得上海市教学成果奖一等奖。项目负责人王卿文是上海大学二级教授、博士生导师、数学系主任，他和团队自主研发数学实践工作站，构建了大学中学数学素养培育的立交桥，从思想源头改变了许许多多大学生和中学生对于数学的看法，让他们由惧怕到喜爱，由一味刷题到了解抽象数学的趣味，由避之不及到主动动手发现。

### 因为顽固，所以我们要攻克

长期以来，从应试教育到素质教育的转变举步维艰，而这个问题在数学教学上体现得尤为明显，许多学生在中学时期数学成绩也许很不错，但是当他进入大学后却发现完全跟不上大学数学的步伐，这样的问题比比皆是，这就是数学教育在应试教育下一直存在的问题，升学的过程中无法做到自然而有效的衔接。从2006年开始，王卿文及其团队就开始着手试图攻克这一难关，当谈及是什么让他意识到必须做出改变时，王卿文表示："这个问题一直困扰着做数学教学的很多老师，国外也一样。而我们都知道数学是一门基础学科，很多学科都需要在数学基础上才能延展，但是因为从应试教育向素质教育的转变步履艰难，需要漫长的时间，而很多学生在重知识的培养环境下已经逐渐丧失了对于数学的探究兴趣。当然，刷题这种模式在中学有限的知识下是适用的，但是当他们进入大学时，思维模式仍然处于之前的阶段，加上知识体系的断裂，这些都让数学这门基础学科的教育变得愈发艰难。我们要做的就是让他们找回数学本该发展的历史轨迹，让他们成为数学家。"

李克强曾说，无论是人工智能还是量子通信等都需要数学等基础学科作有力支撑，我们之所以缺乏重大原创性科研成果，"卡脖子"就卡在基础学科上。还有一些人说，哲学是天，数学是地，其他学科在中间。这些都体现出了数学作为一门基础学科的重要性，正是因为它本身重要但是在学术界又很难攻克，所以经过多年的准备，2010年，王卿文老师及其团队在上海市科委与教委等多方支持下，首创数学实践工作站。在工作站里搭建了多个实践平台，由海内外著名数学家以及教师和学生共同组建教学团队，还开设了以兴趣为导向的多个项目课题。谈及工作站起到的作用，王卿文老师笑着说道："通过工作站的学习，能够让刚刚进入大学的学生们很快适应大学数学的思维，更快上手；而且这种数学思维的培养对于中学数学具有指导作用，此外还能够培养学生创新能力，这对于数学学习很有帮助。"

数学实践工作站首创的"贯通教育"，为学生数学素养的培育和创新实践能力的提升开辟了一条新路，致力于从中学问题出发，引入大学数学的概念，从而揭示初等数学背后的大学数学思想，如在讲行列式时，利用其性质就能轻易解决中学的因式分解和无理方程。

## 教学是条生命线

很多学生困扰于数学的抽象，即便有兴趣，大多数也是因为做出了一道别人不会做的题目得到的成就感。在王卿文老师看来，数学的抽象恰好是数学的优点，能够抓住公共规律，就可以指挥千军万马。我们只看到生活中的具象，但这些具象共同的特征就是抽象。正如《毛主席论教育革命》中说过："谁见过'房子'？谁也没见过房子，只见过北京的四合院。谁见过'人'啊？谁也没见过人，只见过张三和李四。"数学的具象在生活中无处不在，但是这种总结、归纳的抽象能力才是学生们需要在数学学习中掌握并运用的，而这些也是王卿文及其团队在教学中逐渐发现的问题，即当代学生缺乏敏锐的观察力和归纳、探索能力。在王卿文老师看来，教学与科研是相辅相成的，发现问题、解决问题、延伸问题,这三个环节离不开科研,也离不开教学。"大学的根本任务就是培养学生的创新能力,作为教师,无论是教学还是科研,其实就是两个队伍、一个任务,都是为了让学生更好地掌握探索知识与解决问题的能力。"

基于教学中出现的问题和反馈,王卿文及其团队还开发了多门贯通大学中学数学的创新与实践系列课程,比如既是核心通识课又是上海市师资培训中心的共享课程"数学探索与发现",为中学生设置的"漫步数学绿洲创新实践课"等,这些课程不以知识传授为主,而是以问题的提出、发现和解决等培养创新思维为核心。通过实践,他们发现从中学知识的角度切入,能够让学生们更好地理解和接受,从而出版了一系列贯通中学数学的教材和教参,并开辟了大学中学数学教学改革的新途径。

钱伟长老校长曾说:"教师进行教学工作是天职,但做好教学工作,必须进行科研。因为科学进步很快,只有进行科学研究的人,参加科学创新的人,才有条件理解创新精神,从而在教学工作中培养出具有创新精神的人。"对于教学与科研的这一观点,王卿文老师非常认可,他说:"教学是条生命线,无论何时,我都会继续坚持教学,只有在这一过程中才知道接下来要通过研究解决什么样的问题,才能给予学生更切实可行的指导。这就是教学相长吧!"王卿文还分享道:"在课堂上,我要求我的学生都要准备三本笔记本,一本记录我上课时的纲目,一本是通过课堂内容进行填充,还有一本是课外内容的一个体会。"三本笔记本不仅在于课堂内的知识掌握,还在于促进大学生自主探索和创新意识的培养。

## 循序渐进,一口吃不成一个胖子

"在刚开始的时候,因为国内外都没有人做过,所以一切都是从零开始的,我们花费了大量的时间和精力才将研究成果转化过来,没有经验可以参考,都是原创性的东西,这些对于我们而言都很难。"王卿文说道。

一个理念从不存在到存在并受到认可,一个新的方式从不存在到存在并得到广泛接受,这些都需要长时间的摸索,在肯定与否定间确定出最适合的实验内容。为了让更多的学生体验到数学的魅力,团队花费了大量的心血和时间，自主设计出多个数学模拟演示实验及图像的空间变换等多个高清视频，包括四维立方——用投影原理展示高维图形、万有引力下的行星运动、数据拟合工具—非参数回归、割圆术求圆周率等。一朵鲜花盛开的过程，一段看似简单的视频，经过老师的讲解，原来背后的却是一个方程式不同参数变化后的结果。"数学与技术不同，不具备颠覆性，在数学历史上的每一次推导都是站在前人的基础上形成的，所以就算是简单的数学，也和高深数学有着密切的关系，通过动手实验或是观看视频，能极大地帮助学生认识到数学其实离我们的生活很近，而那些高深和前沿数学的根基其实并不复杂。"

为了进一步激发数学兴趣，引导学生探究和发现问题，王卿文及其团队将教学成果移用于全市的中学数学课堂教学，使得中学数学的课堂教学向淡化应试、强化素质的方向转变。团队在上海新中高级中学等四所中学建立了实践点，2017 年，全市 54 所中学选派教师和同学分别在四个实践点进行了 40 个学时的基础课程和研究课程的数学创新实践活动。此外，王卿文及其团队还与上海多所高校和相关教育主管部门共创数学创新联合体，全市中小学艺术类教师，各区少科站科技类辅导员、中小学数学老师和大学教师共同担纲，开展了数学创新实践课程研修等系列活动。他们还利用寒暑假开展了相关的冬令营与夏令营，接受高校本科生和中学生参与，类似的活动他们组织了很多，已有近 4 万名大中学生到数学实践工作站及四个实践点学习实践，教学团队先后指导学生完成研究课题 500 多项。经过工作站的相关学习，还走出了许多全国大学生数模竞赛、美国数模竞赛和全国大学生数学竞赛特等奖、一等奖选手。

因为学生受益量大面广、获奖成果累累、深造人数众多等优势，他们吸引了中国科协、全国科技辅导员协会、北京丰台区教委、重庆市科委、河南省科委、江苏教育出版社、安徽中小学报社以及全国多省的大学和中学代表来上大数学实践工作站参观取经，由此学生数学素养培育的理念、经验和成果被推介到全国。对于应试教育的顽固影响，王卿文表示："要循序渐进，不能一口吃成一个胖子，一步一步来，总能够将这样正确的数学观念和人才创新培养机制带向全国，引起他们对于科学的好奇心，培养出创新能力。" 当问及更长远的发展目标时,他说:"这项教育成果最终的目标是服务于全国,服务于世界,争取在国际交流中起到影响。"

目前,教学成果已经非常成熟且卓有成效,但是王卿文及其团队还在积极推动这项成果,致力于让更多的学生跨过数学这项基础学科的障碍,跨过中学到大学数学体系的断裂,跨过应试教育下较为被动的学习方式,让创新意识在每个人的心中逐渐成长起来。

◎ 蔡珍橡

# 中外融合国际化，文化交流育人才
## ——访上海大学悉尼工商学院龚思怡老师

上海大学党委副书记、副校长龚思怡研究员带领悉尼工商学院团队以"国际视野、本土行动、中外学生融合的国际化人才培养探索与实践"课题在上海市教学成果奖评审中获得一等奖，团队成员有胡笑寒、方慧、吕康娟、徐晓红、顾海悦、刘红霞、毛雅萍、孟瑞鲸等多位老师。他们以构建国际教育中的中国价值为己任，培养学生国际化视野和能力，以高质量、多维度的国际项目及课程供给为内容，以中外学生融合式学习体验为途径，建立立足中国国情、面对全球变化的人才培养体系。

### 国内外资源融合，带动国际化人才培养

悉尼工商学院是上海大学国际化发展战略的重要支撑。它与国外著名高校合作，以国际化先进教育理念为指导，为学生提供国际化课程。早在1994年，钱伟长校长就说上海大学要探索非常扎实的国际化项目，悉尼工商学院的中外合作办学也正是传承了这个使命。多年的办学实践积累和不断的提升完善，悉尼工商学院在中外合作办学和国际化人才培养方面取得了一系列丰硕的成果。学院大量引入国外优质教育资源，教师采用国际通行教材进行英文授课，学生的国际化视野得到提升，国际交流能力显著增强。同时随着国际合作高校数量的增加，国际交流交换学生以及学历留学生的数量也在大幅度增加，国际学生规模从2013年的64人增加到2017年8月的380人，增长率在4年中提高了5倍，国际学生数量占到了在校学生规模的11%。

"所以我认为国际化人才培养的契机是，越来越多的国外高校开始主动来找上海大学寻求合作。无论是欧美还是东南亚地区的大学，他们愿意把学生送到中国来学习。在这种课程互动的情况下，跨文化碰撞就产生了。"龚思怡老师表示。

## 开拓与探索，落实跨文化培养模式

跨文化培养模式实际上是一个系统工程。国外学生之所以到这里来，是因为悉尼工商学院不仅能够提供全英文课程，而且能够为学生提供各种硬件和软件的支持，能够在国际化的环境中去体验和思考。学校作为一个组织，是人才培养的关键，"很多国外学校在谈合作的时候，都有意愿把他们的专业实习带过来，甚至把在国外做的项目一同带过来"。要满足这样的需求并扩大影响力，需要全校的系统化支持。

课题研究构建了适用于国际学生和本土学生的高等教育国际化学习情境，实现了面向学生"走进校园国际化和不出国门国际化"的有机融合，探索出一条中外合作办学机构、参与全球教育要素配置和全球教育市场竞争的新道路，同时也创造性地将世情和国情相融合，对接全球教育发展机遇，建立成就学生和教师共同成长的平台，激发教育活力和可持续发展。

## 本土化实践项目联合跨文化沟通情境

研究过程中难免遇到一些困难。刚开始龚思怡老师团队很想把它变成一个可复制可推广的经验，这也是这个课题的价值，但是慢慢发现，当它的应用场景发生转化时，还存在着一定的局限性。龚思怡老师说："这样一个体系的支撑在一个学院是可以实现的，但如果把它放到另外一个学院去做，组织机制不一样，很可能就没有办法照搬实现。"在对整个学业过程进行评价的时候，也有一定的挑战。因为教育理念的不同，国外的学生在课堂上往往比较自由，上课会直接表达自己的意见，但同时也很容易打断老师的思路，影响中国学生的听课环境。但是随着时间推进，大家开始相互认同、相互接受，这是一个磨合的过程。

不过从研究层面来说，这可以成为一个典型案例。同样一间教室，如果三年前有比较高级的视频追踪系统，可能会追踪出在 45 分钟里有多少是学生的时间，多少是老师的时间，然后再拿来和现在的数据作对比，可能就会体现结果和成效。目前学院最新的教室里配有这类设备了，但三年前并没有，所以没有办法得到更加实证的数据。对于当下的改变和完善，龚思怡老师表示："学生学习行为和教师教学行为的数据获得，使我们能够更加科学地进行分析。实际上我们现在已经逐步完成了对悉尼工商学院教室的改造，很多教室有视频追踪系统，而且有热点感应系统可以对这些数据进行抓取，以便进行研究分析和改进提高。"

### 展望未来，国际化视野扎根中国大地

解决问题首先得让问题充分暴露出来，就像学习英语，如果不开口就永远讲不出来。"所以我们要最大限度地让冲突发生，如果冲突一直不发生，我们是没有办法找到很好的解决方法的。当它发生后，我们抓住核心点，再一起商讨问题，集思广益。规则是一样的，不可能因为是外国人就发生变化，同一个课堂，规则相同。这一点对学生也是很好的教育。"

当下团队已经构建了一个良好的运转体系，接下来团队会更偏向教学研究，比如说，在中外学生融合的课堂中，借助数据做一些更有针对性的研究，使得这种国际融合的教学模式具有更好的推广性。谈及具体的表现时，龚思怡老师说："目前对外国留学生，我们自主开发了一些能够和学校中文信息系统对接的软件，在原本良好的结构搭建下，我们再精准地做一些攻坚的工作、一些发展性的工作。"龚思怡老师表示，在整个对外发展的过程中，上海大学的定位非常有效，因为它能让学生具有属于自己的独特性，项目团队群策群力，希望未来可以有更大的合作平台，开拓出一些跨学科的国际化项目，把以悉尼工商学院为代表的国际化办学经验和实践更好地推广出去。

◎ 王梦辰　汤文竹

与子同行——倾听学生的声音

# 知识产权过河卒，智慧教学探路人
## ——访上海大学法学院/知识产权学院陶鑫良老师

陶鑫良教授曾参加我国的《合同法》《科技进步法》《专利法》《商标法》《著作权法》的立法修法工作，先后承担了国家知识产权战略和国家有关部委等下达的一系列重要科研课题；曾为国家与地方相关主管部门提供过大量专家咨询意见；多年来还应邀为国家相关部委、省市等进行专业讲座上千场；2014年度被国家知识产权局、国家工商行政管理局、国家版权局联合授予"全国知识产权最有影响人物"荣誉证书。他曾获国家科技法学突出贡献奖，上海市科技进步奖二等奖，上海市优秀教学成果奖一等奖、三等奖等。

他结合知识产权教学和研究，多年来代理专利申请一百来件，参与审理知识产权仲裁与域名案件三百余件。他代理了包括华为、海尔、蒙牛、娃哈哈、苹果、宝洁、万宝路、鳄鱼国际、三菱电梯、施耐德等国内外知名企业的知识产权诉讼案件五百多起。2014年起他已连续五年被全球法律权威评估机构钱伯斯评选为最高层次的知识产权诉讼律师"业界贤达"。他被称为"教师的一半是律师，学者的一半是行者"，他也在微博上自题："知识产权过河卒，智慧教学探索者。"而"基于知识产权重大问题的实战教学法"就是陶鑫良老师与他的上海大学知识产权学院的同事多年积累的智慧教学改革方面的有效经验。

在上海大学本部东区最东南角的法学院楼的六层，记者采访了我国第一批知识产权工作者之一的陶鑫良老师。窗下桃浦长流水，桌上清茶自来香。就"基于知识产权重大问题的同步实战教学法"，我们促膝而谈。

## 积累已十五年的"基于知识产权重大问题的同步实战教学法"

"基于知识产权重大问题的同步实战教学法",对于陶鑫良老师与上海大学知识产权学院来说,并非是天马行空、临时起意的心血来潮,而是源远流长、厚积薄发之教学改革老传统,是持之以恒、推陈出新的教学实践重头戏。自1994年参与创建北京大学知识产权学院之后,他参与创建作为全国第二所知识产权学院的上海大学知识产权学院建院以来,就一直秉承"理论要论理,实务要务实,厚积乃薄发,博大求精深"的教学理念。他在研究生教学中积极推进"基于知识产权重大问题的同步实战教学法",历久弥新,持之以恒。陶鑫良老师热情洋溢地向我们介绍了自21世纪初结合知识产权相关课程教学破土而出的这一教改举措。他曾组织每一届上海大学知识产权研究生针对当时一个知识产权重大问题及其典型案例,进行同步的具有实战性质的教学与研究,这是上海大学知识产权研究生教学改革自2003年开始的一贯传统,通常也吸收一些本科生参与。其重点在于"同步"和"实战",同步瞄准同期国内外出现的知识产权重大疑难问题及案例,模拟进行实战性质的拟"设身处地、真刀真枪"模式的课堂教学和模拟研讨,强调"同步",突出"实战"。他娓娓道来,如数家珍,多年来他先后结合吴良材眼镜系列商标品牌案、中国知网转载文章著作权案、百度竞价排名不正当竞争案、盛大员工内外勾结盗窃网游装备刑事案、唯冠与苹果"iPad"商标系列案、达能与娃哈哈系列商标案、法国鳄鱼与新加坡鳄鱼商标共存案、苹果公司与智臻公司"小i"机器人专利侵权案、王老吉与加多宝商标许可与侵权案等,借以瞄准相关知识产权疑难问题和前沿问题进行同步时效与实战性质的教学研究活动。他饶有兴趣地告诉记者,上海大学知识产权专业研究生们在模拟法庭上针对一些疑难案件先期作出的模拟判决结果,往往与法院对这些知识产权重大案件的正式判决,或者相关政府机构的政策调整结果不谋而合,这让参与的同学们回味无穷,倍感振奋。"著名商标制度存废"的教学改革项目就是其中生动的一例。

## 连续打破四堵墙，同步实战著名商标制度之存废

高校的科学研究是教学改革的丰饶土壤与不竭源头，大学的教学改革是科学研究的最佳运用与丰硕成果。"著名商标制度存废"教改项目其实来源于上海大学知识产权学院多年来关于驰名商标制度研究的科研积累，厚积乃得薄发。

我国《商标法》第三次修改中，国家工商行政管理总局曾邀请吴汉东、刘春田、陶鑫良、张玉敏、李明德五位专家对商标法修改的五方面基本问题进行研究论证，其中委托上海大学陶鑫良教授的研究论证题目就是驰名商标制度。可能是因陶鑫良教授对驰名商标制度不但有系统的科研积累，也有具体的实战经验，例如我国法院在诉讼审理中认定涉案商标为"驰名商标"的第一个生效司法判决，就是陶鑫良律师代理的宝洁公司及其"舒肤佳"商标案。陶鑫良教授明确认为：据立法本旨与循国际惯例，驰名商标应当"一案一认定、认定本案用、他案作参考、不能做广告"，针对我国积重十分难返、必须矫枉过正的具体情况，建议在广告宣传中禁用"驰名商标"字样。我国现行《商标法》采纳了陶鑫良、董宝霖等专家的意见，其第14条第五款明确规范："生产、经营者不得将'驰名商标'字样用于产品、产品包装或容器上，也不得用于广告宣传、展览或者其他商业活动中。"因此曾经多年铺天盖地、充斥市场的"驰名商标"字样近年来已在广告宣传与产品包装上销声匿迹。但与"驰名商标"字样同根同源、"一母同胞"的"著名商标"字样，仍然铺天盖地充斥于广告宣传与产品包装上。对此见仁见智，众说纷纭："著名商标"是否属于"驰名商标"的一部分？"著名商标"是否适用现行《商标法》第14条第五款的"禁用条款"？生产、经营者广告宣传"著名商标"是否违法？

2016年春季学期陶鑫良老师在研究生课堂上，秉承"基于知识产权重大问题的同步实战教学法"，提出并凝聚了"著名商标制度存与废"的重大问题之焦点，设计并展开了"真刀真枪、实弹实靶"的瞄准著名商标现存制度的教学改革与社会实践的行动。经过一系列的课堂讨论与社会调研，搞清楚了我国各省市已经普遍制定了著名商标制度规范，其中重庆市等8个省市区制定了《著

名商标条例》的地方法规；上海市等 18 个省市区制定了《著名商标条例》的地方政府规章，北京市等 5 个省市区制定了《著名商标办法》等工商管理机关的规范性文件。围绕我国著名商标制度的功与过、进与退、修与改、存与废，他在推进"基于知识产权重大问题的同步实战教学法"的过程中，展开了又一次的丰富实践和能动探索。其间陶老师践行了钱伟长老校长倡导的上海大学教改精神，努力尝试打破四堵墙，取得了有益的经验和可喜的收获。

首先打破了课堂内外的这"一堵墙"，一方面不仅仅是该课程的 11 名研究生参与其中，其他数十名知识产权专业研究生也纷纷加入；另一方面不但在课堂内教学与讨论，而且走上社会调研与论证。

接着打破了知识产权学科与其他法学二级学科之间的这"一堵墙"，譬如围绕著名商标的行政与行政法问题，邀请行政法学徐静琳教授、陈琦华副教授等一起进行关于著名商标的行政法及行政问题的研讨。

再者打破了法学院与管理学院之间的这"一堵墙"，管理学院李红教授、贡小妹副教授等相继加入该教改活动，法学研究生与管理学研究生做交叉研究，融合探讨著名商标方方面面的问题。譬如 2017 年 1 月 5 日，法学院与管理学院的师生自发组织了跨学科、跨学院的著名商标相关讲座及交流，先由陶鑫良教授作了题为"二十年我国驰名商标——广告宣传中使用'著名商标'字样违法吗？"的讲座，当晚近百名管理学院研究生与数十名法学院研究生集聚在乐乎新楼学海报告厅，学科交叉，师生相聚，共同探讨著名商标制度的前世今生、来龙去脉与功过存废。

最后是打破了大学与大学之间的这"一堵墙"。2017 年 4 月 22 日，在迎接第十七个"世界知识产权日"的前夕，陶鑫良老师等指导三个研究生学术社团（上海大学法学院研究生的"上海大学知识产权协会"、管理学院研究生的"上海大学知识产权管理研究会"和大连理工大学研究生与本科生的"大连理工大学知识产权研究会"）在上海大学共同举办了"2017 中国知识产权研究生著名商标专题研讨会"，来自上海大学、大连理工大学和北京大学、中国人民大学、中国政法大学、武汉大学、同济大学、西南政法大学、华东政法大学、中南财经政法大学等 21 所高校的近 200 名知识产权专业的硕士博士研究生济济一堂，华山论剑，见仁见智，各抒己见，共同探讨著名商标的相关问题。为了让青年才俊静心向学，激励后生积极论道，陶鑫良老师自己筹措资金为与会的几十名外地研究生承担机票与住宿费，使得这些青年大为振奋。不少研究生称这次会议是自己的"学术首秀"，著名商标的议题"上连蓝天，下接地气"，缘此由衷感恩上海大学。

## 两次上书，研究生废除著名商标制度建议被采纳

2016年4月26日，在第十六个"世界知识产权日"当天早晨，几乎奋战了通宵的上海大学知识产权专业研究生徐靓、银文、王祎、李骥等22人联署签名，向全国31个省、自治区、直辖市的人大法工委或政府法制办，发出了31份《关于著名商标法制建设建议书》，建议各省、自治区、直辖市撤销或者废止其相关著名商标之地方法规、地方政府规章或者地方政府部门规范性文件。在31份建议书上签名的22名研究生，恰好其中11名是陶鑫良老师"知识产权诉讼与仲裁"课程的学生，还有11位是陶鑫良老师带的其他知识产权方向的研究生。这31份建议书发出后，有的省市发回了书面复函，有的与研究生进行了电话沟通，但各地对废除著名商标制度似乎还有所保留。虽然陶鑫良老师的相应课程已经结束，但研究生的家国情怀却没有因此戛然而止，陶鑫良老师与他的同事们也仍然继续支持与指导研究生将"革命"进行到底。所以，上海大学法学院与管理学院研讨著名商标的研究生反而越聚越多，还有一些本科生也积极加入其中。相关研讨从上海大学内迅速扩展到了上海大学外，公诸同好，集思广益。于是，2017年4月22日，在上海大学乐乎新楼学海厅召开了"2017中国高校知识产权研究生著名商标专题研讨会"。在这次会上，上海大学、北京大学、武汉大学、中国人民大学、中国政法大学等17所高校的108名硕博士研究生联合签名，分别向全国人大法工委和国务院法制办发出了两份建议书，请求尽快对覆盖全国的、乱象丛生的著名商标地方立法或地方政府规制进行调研并作相应指导；如果调研结论是地方著名商标制度不应继续存在，请求尽快指导予以废除或者终止。这两份建议书于2017年4月26日"第十七个世界知识产权日"当天上午寄出。建议书引起了

全国人大常委会法工委主管领导等方方面面的高度重视，有关部门很快启动了深入细致的多方位、多层次调研，不但调研了相关省市区，而且在北京大学举行了相关专家研讨会，严格论证，博采众意，权衡全面，最终决定采纳上海大学等高校知识产权专业研究生们的建议。2017 年 11 月，全国人大常委会法工委正式发文废止地方著名商标制度，同时也专门致函 17 所高校 108 名知识产权专业研究生的代表、上海大学银文同学，已经废止地方著名商标制度。这一复函肯定了研究生们的家国情怀和公益精神，让大家倍受鼓舞。这一事件也被业内誉为"源起研究生课程教学改革，最终推动现有重大法律制度修改的第一例"。

在上海大学先后累计工作已经整整满四十年的陶鑫良老师，精神矍铄，难以看出他已年近古稀。他告诉记者，在人生"最后五公里"，他将"回归上大，回归校园，回归书斋；凝聚总结，凝聚著述，凝聚应用"。因为"知识产权"也称为"智慧财产权"，他把自己推扉见桃浦、清流窗下过的办公室题名为"桃浦智慧斋"。祝愿陶鑫良老师与他的同事们创造与倡导的"基于知识产权重大问题的同步实战教学法"，如清流般常流常清。

◎ 王梓清　周发升

## 苦得有意义，苦得有效率
### ——访上海大学通信与信息工程学院彭章友老师

彭章友教授是"以提升学生创新能力为目标的挑战性课程项目教学模式"的项目负责人。他的项目团队中还有张之江、方勇、冯玉田、王瑞、胡乾源、陆小锋、方针、陆亨玉、王廷云等多位老师。他是推动通信与信息工程学院教学模式改革理念的设计者，也是实践者。

### 思想是行动的先导

回首 2011 年，彭章友老师说："上海大学当时开始进行大类招生与通识教育改革，各个学院都要做'后三年'培养方案，方案要注重以学生创新能力为核心的全面培养。当时通信与信息工程学院认为这是学院发展的一个好机会，所以就去努力进行改革。"而随着改革的力度加大，改革的难度也相应增大，这就要求通信与信息工程学院的改革必须从统一思想开始。所以，我们当时制定了"教授领衔，全员参与"的原则。

这场"统一思想的大讨论"是通信与信息工程学院近年来发动的最大的一次教学大讨论。一年来，除课程讨论会外，学院组织了 14 场讨论会，人均至少参加两场大型研讨会。

思想是行动的先导，通过教学讨论全院形成统一思想，下一步展开的工作是广泛调研。2011 年，学院调研了国内多所 985 高校、全球五大洲的 10 余所高校的人才培养模式，调研了近 50 家行业企业。通过讨论与调研两个重要环节，形成了通信与信息工程学院改革的 24 字指导思想：基础理论扎实，实践能力突出，自学训练有素，综合素质全面，并以此形成了"以提升学生创新能力为目标的挑战性课程项目教学模式"。

## 课程项目"渡"人才

从统一思想、实践调研到形成理念并完成培养方案设计，改革还需要进入第四阶段——找到突破点：载体。彭章友老师说："我们认为大学教育里关键的一个载体就是课程。所以我们采用了'课程项目'的方式，对学院里所有的课程进行了改革，让所有的课程都增加了大量的课外训练。通过大概一年多的试验，我们最终形成了通信与信息工程学院完整的改革实施方案。"

课程项目从"三大核心特性"——课题的挑战性、项目的实战性、学生的全覆盖出发，力图实现"五大设计目标"，即培养批判性思维，提高自主实践能力，提高学习能力，提高沟通交流能力，增强团队合作精神。通信与信息工程学院通信工程、电子信息工程和生物医学工程每个专业的约25门专业基础课和专业选修课都设置了"课程项目"，每名同学要完成15个左右的"课程项目"，平均当3次以上项目组长。

第一批执行方案的是2011级学生。由原先"老师讲授，学生听讲"的单方面传统教学模式，转化到自主完成课程项目。从自主组队、自主设计、自主制作，到最后的自主总结，这是一个量到质的改变，众多学生感到不知所措。六年来随着改革方案的推进，"课程项目"的执行取得了越来越理想的效果。2013年进入通信与信息工程学院的420多名学生（2012级），在认识实习报告中提出了自身对课程项目的感受和一些改进意见。同时，往届毕业的通信与信息工程学院学子也表示，课程项目教学方案给他们留下了非常深刻的印象。

说到方案出台伊始的变化时，彭章友老师分享了发生在同学与学院之间的故事。

学生常常说："我们苦啊，苦不堪言！"学院也因此对同学做出了积极的引导："学习本身就是一件苦差事。到大学来就应该吃苦，努力学习。学院要做的是：让苦，苦得有意义，苦得有效率。" 实践与成果证明，通过沟通，学生接受、理解了课程项目，自己做出了调适与努力，从而得到了蜕变。

### 单纯的出发点：以人为本

"课程项目"的教学模式，对于教师而言，工作量是非常大的。通信与信息工程学院为了解决让教师有更多的决心投入到这个项目中去，既让教师把工作做好，同时又减轻教师工作量的问题，设计了"课程教师和实验室教师协同辅导机制""学生和教师协同组织机制"，并为此开发了一个信息化网络管理平台。学生的自主选题、自主设计过程、考核与成绩推送，全由网络管理平台完成。

此外，考核中最难解决也是亟待解决的问题是团队精神的考核。彭章友老师及其团队设计了一个"强调团队合作，兼顾个人贡献"的团队考核模型。在考核中，教师和专家组会给项目进行评分。得到评分以后，由学生分配得分。分配原则是70%是按平均分配的基本分，30%是按贡献分配的奖励分。

### 初心如光，传播理念

在问及通信与信息工程学院的"课程项目"教学改革取得如此硕果，是否有将其推广到其他学院的想法时，彭章友老师回答道："想。现在学校在推'研究性、挑战性'的教学，即加大课程的难度、深度、广度和挑战度。实际上与通信与信息工程学院'课程项目'的核心理念是一样的。从去年开始，学校对所开设的90门课程内容的宽度和深度进行了示范改革，大大提高了老师教学与学生学习的挑战性。今年下半年，希望能形成初步的课程规范，促进全校大量课程进行改革。"

在采访结束之际，彭章友老师微笑着说到了对此的期待："我希望这种具有更大难度、深度、广度和挑战度的教学模式，让同学们毕业后能真正感受到自己的能力和综合素质得到了全面的提高。"

◎ 罗 媛

## 重塑人才培养体系，切实提升学生能力
### ——访上海大学机电工程与自动化学院王小静老师

"以机器人为载体的机械工程创新人才培养体系构建与实践"教学项目荣获 2017 年上海市教学成果奖一等奖。该项目依托以智能制造及机器人重点实验室的机器人为载体的科研平台，联合校内名师、企业导师、国际知名教授组建师资团队，通过软硬环境建设及课内外竞赛联动、校内外联合培养模式改革，实现课内教学和课外实践工程教育有机联系，提升学生解决工程复杂问题的能力。

对于此次教学项目获奖，王小静老师谈得最多的就是以机器人为载体的机械工程人才培养教育理念。他们抓住人才培养的契机，结合项目锻炼学生的实践能力，通过整合资源的课程群建设，建立校内外联合培养模式，内容充实而丰富。

谈到创立本次项目的契机，王小静老师侃侃而谈："机械工程是个工科专业，如果学生不去做实验、不去做项目，那么对学生能力的培养肯定是不利的。"为使工程人才培养与中国制造 2025 的人才需求相匹配，项目紧扣培养解决复杂工程问题的创新人才的主线，从人才培养的框架着手梳理，主要通过课内教学、课外实践、与企业交接、国际化等方面，在机械工程领域探索了以机器人为载体的工程创新人才培养教育实践。

"学生学一门课首先得运用这门课的理论知识，运用了之后就会对他所学的知识有一个更加深刻的了解。"很多课程都需要做项目，比如"机械设计"课程结束之后，学生需要做个作品出来，我们就以设计机械手臂为题让同学们

去完成。通过对以机器人为载体的机械工程人才培养体系的创新设计，在整个人才培养过程中充分发挥机器人技术的引领和载体作用，使课程体系、具体课程支撑知识结构与能力培养有机地联系起来，使学科优势与机器人创新实践平台支撑课程教学有机地联系起来，使学生的综合能力得到螺旋式提升，从而达到培养学生具有解决复杂工程问题的能力这一目的。

"机器人是一个非常好的项目集成。我们以机器人作为载体，把整个课程体系所学的内容都贯穿起来、连接起来，让课程与课程不再是独立的个体，而是形成一个课程群。这样学生对自己所学的工学体系也会有整体的认知，对不同专业课的课程会有更深刻的了解。"

开展以机器人为载体的学科基础课和专业课课程群的教学内容与教学方法的改革，强化了学生对工程原理的深入理解、分析及综合应用能力的培养。从数字化设计与仿真到数字化制造、数字化控制等都以机器人为对象，贯穿了机械工程领域从设计到制造，再到设备控制等技术的综合应用与实践。

谈及项目创立之初的艰难，王小静老师很平静地说道："再多的困难也要克服，教学改革都是不容易的。""教学理念一定要想清楚，工程教育必须明确毕业要求，学生应该具备哪些能力。"梳理课程之间的内在联系，整合教学资源，重点建设以智能制造的关键装备——机器人为载体的课程群，充分发挥机器人技术的引领和载体作用，以学生为中心、以机器人为载体的系列项目教学融合互动式、参与式的教学方法，大大提高了学生的综合能力。

让本科生走到老师的科研团队中去，也是项目的一个核心特色。上海大学机电工程与自动化学院的科研项目有很多，让本科生参与其中，通过老师和研究生带本科生做项目，让本科生对自己所学的专业有更深刻的了解。通过学生团队竞赛、大学生创新创业项目、联合大作业等活动，使本科生解决复杂问题的能力得到显著增强。聘请企业导师直接参与学生培养，以企业提出的机器人为载体项目做牵引，学院开展了课堂教学、生产实践、毕业设计、课外讲座实践等培养工作。通过从时间、空间形式上的一贯性到理论、实践知识内容上的一致性的课内外及校内外工程应用能力培养模式创新，形成理论教学和实践环节相互促进的闭环式培养模式。课内外联动的培养模式提高了学生参与创新实践的覆盖面，使教学成果向大类学生和社会辐射。机械专业学生参加各级各类科创活动和学科竞赛，已形成了良好的创新实践氛围，已培养学生累计获得国家级及省部级学生竞赛奖项 200 多项，大学生创新项目校级与市级项目数量众多。教学成果向社会辐射，以机器人为载体的创新教学成果产生了较大的社会反响，引发了媒体关注。

雄关漫道真如铁，而今迈步从头越。王小静老师说，机电工程与自动化学院将继续强化本科教育教学改革与创新，提高学生解决复杂工程问题的能力。对于为社会培养具有全球视野、公民意识、人文情怀、创新精神、实践能力，并能应对未来挑战的人才，我们还有很长的路要走。

◎ 王　荻

# 讲好中国故事，培养知华、友华、爱华的国际新人才
## ——访上海大学文学院郭长刚老师

2018年5月，上海市教学成果奖评选结果公布，我校研究生部主任郭长刚教授带领团队研究的"面向国际学生教育的中国话语体系建设——以'中国研究'为全英文项目为载体"课题获得2017年上海市教学成果奖一等奖。

2016年5月17日，习近平总书记在全国哲学社会科学工作座谈会上强调要加快构建中国特色哲学社会科学，着力构建体现中国特色、中国风格、中国气派的中国特色哲学社会科学学科体系、学术体系和话语体系。当前，全球视野下中国话语体系构建与中国话语权提升是一个非常迫切的理论任务和实践需要。郭长刚带领的团队研究课题就是以面向国际研究生的"中国研究"项目为载体，通过系列全英文课程建设、教材出版和国际学生培养，探讨如何在国际学生这个数量日益增长的特殊群体中讲好"中国故事"，同时讲"中国好故事"，推进"中国话语体系"建设。

### 讲好"中国故事"

如何打破中西长久以来的"偏见石墙"？如何用国际化语言讲好"中国故事"？郭长刚团队研究的课题正好是击破这道"墙"的一枚导弹。

"由我们的教授为他们授课，讲我们自己的故事——真正的中国故事，传达我们中国的声音。"郭长刚发表了自己的看法，"作为全球第二大经济体，同时随着'一带一路'倡议不断地深入推进，中国的国际地位正在逐年提升，越来越多的国际学生对中国产生了浓厚的兴趣，想要更多地了解中国。'中国

研究'全英文项目便应运而生。此项目旨在帮助国际留学生了解真实的中国，形成或重塑对中国正确的、全面认知的课程体系。"

由于本项目是以国际学生为对象，以"中国形象""中国品质""中国话语体系"的建构为目标，既没有现成的培养方案，也没有现成的课程体系和教材，甚至也没有现成的学科平台，一切都是"原创性"工作。因此项目需要采用全英文教学，用英文来表达各个方面想要传达的信息。

现有的大部分英文教材是国外学者用他们的视角来解读中国，并不是真正的"中国故事"。老师们需要用中文教材来准备英文讲义，完成英文授课，这对老师们来说是一个挑战。现今老师们已经开始着手编写英文教材，这既方便老师教学，也方便学生理解。到目前为止，本项目中共有11门课程分别获得2014年、2015年和2016年的"上海高校外国留学生英语授课示范性课程"立项资助，2门课程获得教育部"第二期来华留学英语授课品牌课程"，同时已有2本全英语教材分别在国际著名的Routledge、BRILL出版社出版。

从2012年开始招生起，随着"中国研究"全英语项目课程体系的不断完善，招生人数也在不断增多。课程体系分为必修课和选修课。郭长刚说道："我们非常仔细、用心地设计了必修课的课程，必修课涵盖历史、社会和经济学科进行各学科综合教育，打破学科之间的障碍，融政治、经济、社会、历史与文化等于一体，更有助于国际学生对改革开放以来中国发展道路的认知，同时也更利于进行'中国话语体系'的建构和传播。选修课也分为三个板块，让学生自主选择感兴趣的方面进行更加深入的了解。"

郭老师介绍说："开设这些课程是为了让留学生们从中国的角度更加了解中国。改革开放四十年，《华尔街日报》《纽约时报》都在讲，但是他们讲的跟我们不一样。我们所开设的课程都是开放性的，是向所有在校国际学生开放的。而且他们的很多课程尤其是学术讲座、研讨课等都是与国内学生共同上课的，博士生则完全与国内学生'同质化'培养，这不仅扩大了国际学生的受众面，更有助于他们与国内学生深入接触交流，深化对中国社会的认知。"

## 以国际留学生为传播点，树立一个真实的中国形象

当今，许多中国的政策与行动被不少的外国媒体误解、扭曲，如何建设中国话语体系，树立一个真实的中国形象是刻不容缓、亟待解决的问题，而设计一个面向国际学生的高层次的教育项目，既能较大规模地吸引高层次国际学生前来就读，又能润物细无声地植入中国话语，另外还具有在国内众多高校"可复制""可推广"的可行性，无疑对于中国话语体系建设和中国软实力提升的意义重大。在上海大学接受了"中国研究"全英文项目课程的许多国际学生，回国后他们还会向毕业院校，甚至是通过媒体、电视向国民宣传真实的中国形象，成为联系中国与世界各国的一座稳固且长远的桥梁。还有一些国外的教育机构本身就与上海大学存在着合作关系，他们会把学生推荐过来，学成归国后，继续宣讲正确的"中国故事"，加深双方的合作关系，同时深化国际交流。

截至 2017 年 10 月，"中国研究"项目共招收来自全世界近 30 个国家的 80 名硕博研究生和博士后研究人员，他们已在国际学术期刊和媒体上发表了数十篇体现中国话语的论文、评论，另外还有大量的网络文章、电视采访等。

随着越来越多的国际学生前来中国求学，如何把他们培养成为"知华""友华"直至"爱华"人士，也是郭长刚团队的思考之一。"培养知华、友华和爱华的国际留学生群体是我们的一个初衷，我们还希望这些留学生回到自己的国家，也能够为中国发声，传达一个正确的中国形象。我们项目培养出来的学生是宣扬中国正确面貌的一支重要力量。促进中国形象在国际上的传播，这是我们最终的目标。"郭长刚还谈到，"我们要响应习近平总书记的号召，要讲好中国故事，建立起中国哲学、社会、科学的一个学科体系，所以我们希望通过从'中国研究'全英文项目出发，让这些国际留学生从中国的角度了解中国，而不再是听那些不了解中国的人讲中国。"

◎ 王淑敏　黄华美

# 附 录

# 第一次征文

## "菊之魅 师之爱——我喜爱的老师"征文活动评选结果揭晓

教师如菊,志存高远,宁静致远。2013-2014 学年秋季学期由校教务处主办,校报、学工办、社区学院协办的"菊之魅 师之爱——我喜爱的上大老师'"主题征文结果今日揭晓。本次活动共收到 36 篇文章。这些征文写出了浓浓的师生情谊,反映了我校师生积极投身通识教育教学改革的理性思考和实践探索。经过专家打分汇总初评、终审,共评出一等奖 2 篇、二等奖 4 篇、三等奖 8 篇,鼓励奖若干。其中,2013 级社区学院理工五班金蕾的《菊开十月,师情永有——我最爱的上大老师聂永有》、外国语学院杨青的《提灯的人》

与子同行——倾听学生的声音

荣获征文一等奖。雷严巧、骆依、赵天石、毛其莹4人获得二等奖，杨雅婷等8人获得三等奖，李芳凝等16人获得鼓励奖。部分文章将有机会被推荐刊登于《上海大学》校报，上传至教务处通识教育子网站。

上海大学教务处<br/>
2013年12月27日

附　录

# 第二次征文

## 第二届上海大学"菊之魅 师之爱"激励计划之"我喜爱的老师是这样授课的"主题征文比赛揭晓

教师如菊,志存高远,宁静致远。为积极落实上海市本科教学教师激励计划,展现学生尊师情怀,增进师生间和谐互动,营造良好的育人氛围,2015—2016学年秋季学期由上海大学宣传部、文明办、教务处、研工部主办,文学院、社区学院承办了"激励计划之'我喜爱的老师是这样授课的'"主题征文活动。活动启动后,共收到学生征文 40 篇。这些文章写出了浓浓的师生情谊,反映了我校教师乐于投身教书育人事业的精神风貌。

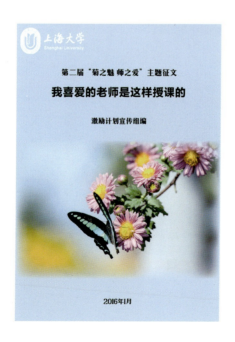

近期，主办方组织专家对征文进行了认真评选。现在比赛结果已经揭晓，共评出一等奖2篇、二等奖6篇、三等奖10篇、优胜奖10篇、参与奖12篇。《教学相长，共话成长——记尹应凯老师》（2015级社区学院韩晶华）、《尊龚者，闻萍香——致外国语学院龚萍老师》（2015级社区学院盛冬芳）荣获征文一等奖。部分文章将有机会被推荐刊登于《上海大学》校报或优先推荐其参与各级各部门主题征文竞赛。

上海大学征文组委会<br>2016年1月8日

# 上海大学举办激励计划之"我喜爱的老师是这样授课的"征文颁奖暨师生迎新座谈会

2016年1月14日午后，上海大学A602会议室济济一堂，暖意融融。上海大学第二届"菊之魅 师之爱"激励计划之"我喜爱的老师是这样授课的"征文颁奖暨师生迎新座谈会在此举办。上海大学党委常委、副校长丛玉豪，教务处处长王光东，宣传部部长李坚，文明办主任刘绍学，学工办主任胡大伟，

**与子同行**——倾听学生的声音

社区管理部主任、社区学院党委书记陆瑾、文学院党委书记竺剑、学生工作负责人崔海霞等到会。教务处尹应凯、社区学院陈秋玲、理学院何龙敏、胡海平、杨永建、黄平亮、孙建才，生命学院袁晓君、机电工程与自动化学院蓝箭、文学院刘长林、石圆圆，数码艺术学院宋瑜、外国语学院薛清、张岚，美术学院苏金成、社会科学学院李晨等16位学生笔下的"我喜爱的老师"出席会议。出席颁奖会的还有8位新进青年教师和参与征文活动的20余名学生。会议由教务处副处长顾晓英主持。

丛玉豪副校长率先致辞。他表示，全社会非常关注高校人才培养，上海大学正在试点的本科教学教师激励计划是一个提升人才培养质量的好抓手，它旨在让教学回归本源并形成长效机制。近几年来，上海大学实施通识教育，强化学科基础，通过联合大作业、三创等实现人才培养模式创新。本次征文活动非常好，通过学生的眼来看教师授课，可以实现教学相长。这既是学生对老师的肯定，也体现了老师给予学生的关心和关注，可以在上大形成良好的尊师爱生氛围和育人文化。每个学生都是优秀的，但学生优秀的路径不同，我们用若干个活动来支撑激励计划，支撑上大教育教学改革，目的是培养优秀毕业生。优秀的学生和校友是上大的一张张名片。目前，学校要冲"双一流"，即建设一流大学和一流学科，需要师生有更多的交流和互动。新的一年，学校还将迎接本科教学审核评估，期待师生共同努力将第二轮评估做得更加精彩。

宣传部部长李坚宣读了本次征文的获奖名单。李老师特意一篇篇地宣读文章名字。顾晓英老师特别邀请在会场的获奖学生作者和被写进文章的教师一一亮相，现场响起一阵又一阵的热烈掌声。文明办主任刘绍学和社区学院党委书记陆瑾为获奖的学生和教师颁发证书并向与会师生赠送了《大国方略》一书。

教务处副处长顾晓英代表主办方简单介绍了第二届"菊之魅 师之爱"征文的基本情况，本次征文由上海大学宣传部、文明办、教务处、研工部主办，文学院、社区学院承办。2015级社区学院韩晶华同学的《教学相长，共话成长——记尹应凯老师》、2015级社区学院盛冬芳同学的《尊龚者，闻萍香——致外国语学院龚萍老师》荣获征文一等奖。6篇征文获得二等奖，10篇征文获得三等奖。

顾老师祝贺获奖的学生和被采写的老师们。她期待学生能当着自己喜爱的老师的面表达对老师的尊敬和爱戴，让在场的老师们听到学生的真实心声，再次激励教师用心用情投入本科教学，上好每一堂课，努力提升人才培养质量。最感人的场景出现在老师和学生之间的交流环节。学生们亲口用"任性""萌萌哒""带入感强""人生启蒙老师"等言语感谢喜爱的老师。老师们则激动地感怀，"今天被写进征文，我很是惊喜。我读到学生文字以后热泪盈眶，特别有感触"。

（殷晓　源自"上海大学校园网"）

与子同行——倾听学生的声音

# 与会师生感言实录

韩晶华同学：这次写作，提醒我身为学生，不仅有义务认真听课，还有权利反馈课堂教学质量。有时候新闻会爆出某某大学的老师为了评职称不择手段，我想这是教师在教学中与学生"教学相长，共同成长"认识上的缺失。不管是职业场上的成人还是象牙塔中的青年，追求职业的晋升、学业的进步是一方面，注重心灵的成长、人际交往能力的提升同样重要。尹教授是富有人格魅力的，在他的课堂上，我不仅能看到他智慧的光芒，更暖心的是老师关爱的眼神。我相信任何形式的教育都应是爱的教育，其宗旨只为让"你和我的世界在共同努力下被一同照亮"。

尹应凯老师回应：学生的肯定是给老师最大的奖励。能被学生写进文章，我有点意外，不是我做得好，是学生写得好，很多老师比我做得更好。这给我个人提出了一个更好的目标。作为老师，上课只是表面，核心是育人。我会继续加油！

莫韩同学：核心通识课选了黄平亮老师。我很喜欢他。他上课轻松，虽然课后也有不少作业，但老师能把数学课讲得很好玩。黄老师超级受学生欢迎，是超热门的老师。

黄平亮老师回应：上海大学的微积分老师其实都教得好，都一样，第一次有男生夸我，很激动，感觉挺好。

余苗苗同学：觉得何龙敏老师知识渊博，上课很"任性"，我很容易被老师"带入"。何老师有大师风范，我很幸运能遇到何老师。

何龙敏老师回应：讲授"微积分"课程其实不是学生想象的那般枯燥，任何问题都可以用到微积分知识，生活中比比皆是。如尴尬的鞋子异味问题："如何方便有效地减少鞋里的异味？"白天的鞋子会因脚汗的积累而易湿且产生异味（积分过程）；临睡前脱下的鞋宜鞋口朝上放置，由于夜间异味的挥发，次日早晨的鞋尖内易干且异味明显减淡（微分过程）。上述两个简单的事例，可以看到微积分与生活有着紧密的联系且使生活更趋美好。我喜欢用"题外话"激发学生听课兴趣。

王子丹同学：我选了文学院的"文学经典与现代人生"核心通识课，教师团队一起授课，我喜欢石老师的教学风格。我又意欲去选石老师的另一门通识课，只是每次被踢，甚为遗憾。我很喜欢石老师的课，她能很快把我们"带入"，让全班同学都能认真听，希望石老师的课可以扩容。

石圆圆老师回应：今天有点像"粉丝见面会"，学生见老师。其实我也想见见是哪位学生写我的。我们文学院的两门核心通识课都准备得很充分的，团队合作好，教学效果不错。有理工类的学生来选我们文学院的核心通识课，原以为教师要求太高，一段时间以来，证明自己完全可以搞定的。希望同学们不要太早给自己定型，通识课课堂会时时带给你们惊喜。我会继续加油！

张峻榕同学：薛清老师的英语课很能把握什么时候紧，什么时候松。薛老师要求一周交一次作业，解决了我们学生的拖延症通病，这是她的"紧"；在课堂上，薛老师不是一味地灌输，而时常通过视频等轻松方式作传授，这是她的"松"。班级氛围感觉很好，集体感超强。

薛清老师回应：我对很多学生，尤其是张同学印象很深，他在最后一周送了很多"娃娃"给我。这次，他又写我，我很感动，我会继续努力。

盛冬芳同学：没看到我喜爱的龚萍老师真的很遗憾。龚老师的教学方法很独特，作业多，也被人说特别坑，但我特别喜欢，也受益良多。我原本口语水平一般，老师不仅修改演讲稿子，从演讲语气、技巧等方面也对我们进行指导。龚老师上课很幽默、随和。她是我人生的启蒙导师。

张书琪同学：蓝箭老师讲授的是一门理工类通选课，但文科生也非常喜欢。蓝箭老师会结合自己的海外经历和研究经历来讲，用先进的软件，课上得很有趣。

孔令达同学：我看到陈秋玲老师是在"院长有约"上。我关注到陈老师总结能力超强。上学期研讨课正好选了陈老师的课，很遗憾，遇到假期，五周课只上了三次课，被放掉了两次，但陈老师认真地帮我们补课了，她建立班级微信群，与我们线上交流。

胡海平老师：很意外，上学期的最后一节课学生要求合影。能被学生写到，可能是自己的教学方式适合了学生的需求。写我的学生王孟桃同学爱提问题，很勤奋，我们经常交流学习上的问题。看得出学生很用心，写得逼真，很感人，对我以后的教学是一个鼓励。

杨永建老师：学生说我萌萌哒，我没感觉到自己很萌。（孔令达现场反馈说就是挺萌。杨梅舍友也说杨老师就是很萌，杨梅常回到宿舍说杨老师上课的趣事等。）我本人给人文大类的学生讲授微积分，要考虑学生知识结构，将课讲得有意思一点，做到有声有色。

刘长林老师：今天被写进征文，很是惊喜。我读到学生文字以后热泪盈眶，特别有感触。我认为教师必须喜欢学生，学生也喜欢你，只要真正喜欢学生，不怕管不住学生，就可以达到最好的教学目标。我跟班里学生说我白头发是染的，学生就信了。我上课时会尽量做到精彩生动，上课前会紧张，PPT 会反复修改，讲稿也反复改，要保证学生喜欢听，激发学生提出问题。最后两次课让学生演讲，我会帮学生修改演讲稿。上学期我本人突发面瘫，五分钟讲不出话来，课堂上感动了学生。我后来又坚持上了两次课。

张岚老师：我认为对学生温和些为好。我会记住学生的名字，爱学生才有可能被学生爱啊。

（石婵娟整理）

# 第三次征文

## 走近您，走进您的教书育人故事里——访年度"教书育人贡献奖"获得者

2017年9月15日下午，上海大学隆重举行庆祝第33个教师节暨表彰大会。大会表彰了2017年度国家级、上海市及上海大学的优秀教师个人和优秀教学科研团队。其中，无人艇团队和"大国方略"系列课程教学团队荣获上海大学校长奖，来自多个学院的21名教师荣获2017年度学校教书育人贡献奖。获奖老师矢志立德树人，扎根教学第一线，淳朴务实，默默奉献，深受学生的信任与爱戴。他们具有良好的育德意识和育人能力，是课程思政的先行者。

2017年暑期，上海大学教务处联合宣传部、校团委发起第一届和第二届"走近您，走进您的教书育人故事里"征文活动。学生采访年度"教书育人贡献奖"获奖教师，用笔更用真情书写了师德师爱的文字。

我们一起走近这些教师，走进他们教书育人的故事里……

# 附 录

"走近您,走进您的教书育人故事里"上大发起学生采访年度"教书育人贡献奖"老师征文活动

原创:殷晓 顾晓英工作室 2017-09-18

9月15日下午,上海大学隆重举行庆祝第33个教师节暨表彰大会。大会表彰了本年度国家级、上海市及上海大学的优秀教师个人和优秀教学科研团队。其中,无人艇团队和"大国方略"系列课程教学团队荣获上海大学校长奖,来自多个学院的21名教师荣获2017年度学校教书育人贡献奖。获奖老师矢志立德树人,扎根教学第一线,淳朴务实默默奉献,深受学生的信任与爱戴。他们具有良好的育德意识和育人能力,是课程思政的先行者。

除了教书育人奖,还有不少科研奖类团队和个人奖项。有的对标国家战略,攻克一个又一个科学难题,为国家科研事业和高水平大学建设作出重要贡献;有的扎根教学第一线,淳朴务实默默奉献,深受学生的信任与爱戴。他们阳光积极、爱岗敬业、勇于创新、成果斐然,在学校新时期的愿景、使命和战略目标感召下,在校训精神的激励下,将个人发展与学校发展紧密结合起来,为学校的发展贡献着自己的力量。

暑期至今,上海大学教务处联合宣传部、校团委发起"走近您,走进您的教书育人故事里"——学生采访2017年度"教书育人贡献奖"获奖教师征文活动。我们将陆续推送……

让我们走近他们,走进他们教书育人的故事里……

采访征文活动由上海大学教务处考评办党支部主办,校团委、社区学院和相关学院承办。参与采访的学生有来自人才学院的、有来自育才计划的,也有部分校报学记团学生……

# 第四次征文

## 关于举办第二届"走近您,走进您的教书育人故事里"(2018年度)课程思政主题征文活动的通知

为全面落实党的十九大关于"加强师德师风建设,培养高素质教师队伍,倡导全社会尊师重教"的号召和习近平总书记关于广大教师要做"四有"好老师的指示要求,深入贯彻落实《关于加强和改进新形势下高校思想政治工作的意见》《关于全面深化新时代教师队伍建设改革的意见》《教师教育振兴行动计划(2018—2022年)》和《高校思想政治工作质量提升工程实施纲要》等文件精神,大力推动以"课程思政"为目标的课堂教学改革,引导广大教师不忘立德树人初心,牢记人才培养使命,将更多精力投入到教书育人工作上。根据上海大学2018年课程思政建设方案,决定开展第二届"走近您,走进您的教书育人故事里"主题征文活动。

征文对象:全校本科生

征文主题:走近教师,采写教书育人故事

征文内容:围绕立德树人主题,深入挖掘我校广大教职员工课程、科研、实践、文化、网络、心理、管理、服务、资助、组织等方面工作的育人平凡事、典型事、生动事,尤其欢迎课程育人稿件。

征文要求:

1. 紧密结合我校高水平大学建设目标,走近教师,展现我校教师爱岗敬业、教书育人、严谨治学、为人师表的良好精神风貌。

2. 围绕主题,题目自拟。要求有真情实感,实事求是,有较强的感染力和

说服力。真实、原创，从未在公开刊物或其他媒体平台上发表，严禁抄袭杜撰。

3. 文稿字数2000—3000字，标题用三号宋体加粗，正文用小四号仿宋体，1.5倍行距。文章标题下标明作者姓名、学号、所在院系。正文前配上被采写教师的个人简介200字左右。结尾落款处标明投稿者联系方式：手机、邮箱。请以附件形式提供3—5张被采写教师的生活照和工作照，不小于1M。

4. 请于2018年6月8日前，将征文电子稿发至教务处邮箱freshman@oa.shu.edu.cn，邮件主题标明"本科生课程思政主题征文"。

征文评选与奖励：

此次征文活动将根据来稿情况设等第奖及鼓励奖各若干名，由教务处组织专家对参选征文进行评选，并对获奖者给予一定奖励。获奖征文使用权归教务处所有，后续将通过各种形式推广宣传。

上海大学征文组委会
2018年5月

与子同行——倾听学生的声音

# 第五次征文
## 走近教学成果奖获得者

    2017年上海市级教学成果奖获奖名单揭晓，上海大学作为第一完成单位荣获上海市级教学成果奖24项，其中特等奖2项、一等奖13项、二等奖9项，作为第二完成单位荣获上海市级教学成果特等奖1项、一等奖1项。这是上海大学在历届上海市教学成果奖评选中获奖最多的一届。这些获奖成果涵盖了学校近几年在教学管理、人才培养、专业建设、课程体系建设等方面取得的成效。即日起，我们组织学生采写文章，走近教学成果奖获得者……

"顾晓英工作室"公众号<br/>2018年9月10日

附 录

**附1：我校作为第一完成单位荣获2017年上海市级教学成果奖奖励名单**

| 序号 | 成果名称 | 主要完成人 | 主要完成单位 | 获奖等级 |
|---|---|---|---|---|
| 1 | 绿色·共享·安全的智慧实验室建设与精细化管理，为创新人才培养提供支撑 | 吴明红、楚丹琪、高洪皓、许华虎、耿在斌、李凯、花永盛、王彬、张义郎、陈新 | 上海大学、上海上大海润信息系统有限公司、上海彩阳信息技术有限公司 | 特等奖 |
| 2 | 为大时代 开大课程 育大学生——"大国方略"系列课探索与实践 | 顾晓英、顾骏、聂永有、刘寅斌、忻平、李友梅、许春明、王海松、狄其安、肖俊杰 | 上海大学 | 特等奖 |
| 3 | 依托数学实践工作站构建大中学数学素养培育的立交桥 | 王卿文、丛玉豪、杨建生、姚奕荣、王远弟、何幼桦、许新建、应时辉、吴强、刘要国 | 上海大学 | 一等奖 |
| 4 | 面向一流计算机学科的创新人才培养实践 | 沈云付、李卫民、张博锋、李青、沈文枫、彭俊杰、李晓强、钱文馨、沈俊、陈小鸥 | 上海大学 | 一等奖 |
| 5 | 以大类招生为突破口的本科人才培养改革实践 | 叶志明、陈方泉、叶红、辛明军、顾晓英、张基涛、何幼桦、王光东、林海霞、黄欢 | 上海大学 | 一等奖 |
| 6 | "互联网+"土木工程系列课程教学改革实践 | 叶志明、汪德江、朱杰江、陈玲玲、姚文娟、杨晓、张孟喜、欧阳煜、刘绍峰、杜晓庆 | 上海大学 | 一等奖 |
| 7 | 以机器人为载体的机械工程创新人才培养体系构建与实践 | 王小静、刘丽兰、蔡红霞、南燕、李静、田应仲、汪地、杨浩、傅燕鸣、李桂琴 | 上海大学 | 一等奖 |
| 8 | 以提升学生创新能力为目标的挑战性课程项目教学模式 | 彭章友、张之江、方勇、冯玉田、王瑞、胡乾источник、陆小峰、方针、陆亨立、王廷云 | 上海大学 | 一等奖 |
| 9 | 国际视野 本土行动 中外学生融合的国际化人才培养探索与实践 | 龚思怡、胡笑寒、方慧、吕康娟、徐晓红、顾海悦、刘红霞、毛雅萍、孟瑞琼 | 上海大学 | 一等奖 |
| 10 | "互联网+"背景下电子商务创新创业人才协同培养模式与实践路径 | 熊励、戴德宝、钱颖、邹宗峰、李勤、朱宏涛、徐学良、于晓宇、刘寅斌、王宁 | 上海大学 | 一等奖 |
| 11 | 依托国家社科重大项目促进人文学科人才培养模式创新 | 陶飞亚、宁镇疆、张寅彭、谢维扬、徐有威、蔺乃斌、邵炳军、曾军、杨位俭、舒健 | 上海大学 | 一等奖 |
| 12 | "课题驱动"教学模式构建与实践应用 | 马欢春、谢琎、梁海燕、李晓溪、李敏 | 上海大学 | 一等奖 |
| 13 | 跨学科培养创新人才的联合大作业平台构建与实践 | 罗宏杰、丛玉豪、万旺根、彭章友、马欢春、严壮志、曾杰、王小静、聂永有、徐学良 | 上海大学 | 一等奖 |
| 14 | 基于知识产权重大问题的同步实战教学法——以"驰名商标制度存废"教学过程为例 | 陶鑫良、袁真富、许春明、李红、徐朝琳、王勉青、陈琦华、贡小妹、贺斌、詹宏海 | 上海大学 | 一等奖 |
| 15 | 面向国际学生教育的中国话语体系建设：以"中国研究"全英文项目为载体 | 郭长刚、曾桂娥、姚喜明、张勇安、刘玉照、聂永有 | 上海大学 | 一等奖 |

**附2：我校作为第二完成单位荣获2017年上海市级教学成果奖奖励名单**

| 序号 | 成果名称 | 主要完成人 | 主要完成单位 | 获奖等级 |
|---|---|---|---|---|
| 1 | 上海市教育科学研究院 高校思想政治教育课程体系（课程思政）建设的探索与实践 | 沙军、忻平、张謇强、胡宝国、姜峰、刘淑慧、曹荣瑞、曹文泽、李江、宗爱东 | 上海市教育科学研究院、上海大学、上海中医药大学、华东理工大学、上海外国语大学、东华大学、上海音乐学院、华东政法大学、上海工程技术大学 | 特等奖 |
| 2 | 上海电力学院 开展四维度培养，践行三层次教学，全面提升大学生编程思维和能力 | 顾春华、陈章进、叶文珺、高枚、陈逸君、文欣秀、黄小瑜、阎红灌、王淮亭、胡庆春 | 上海电力学院、上海大学、同济大学、上海建桥学院、华东理工大学、上海理工大学、东华大学、上海电机学院、华东师范大学 | 一等奖 |

261

与子同行——倾听学生的声音

2018年9月12日 下午10:32

求新求变,迈出教育改革坚实一步——走近上海市教学成果奖一...

"教会学生正确的思想方法与思维方式,批判与质疑的精神。这才是高等教育的灵魂,也是在未来让学生终身受益的地方。"
——叶志明,现任上海大学土木工程系教授,博导,音乐学院院委会主任,原上海大学副校长,领衔获评2017年上海市教学成果奖一等奖两项,

2018年9月14日 下午9:52

"企业+高校"协同模式铸就电子商务新人才——走进熊励团队的电...

2018年5月,上海市高等教育教学成果奖公布。上海大学管理学院信息管理系博士生导师熊励教授带领团队研究的项目获得一等奖。

2018年9月16日 上午10:17

**与子同行**——倾听学生的声音

搭建大学与中学数学衔接与贯通的立交桥——走近数学系王卿文…

王卿文教授及其团队首创数学科学实践工作站，构建出了大学中学数学素养培育的立交桥，从思想源头改变了许许多多大学生和中学生对于数学的看法，让他们由惧怕到喜爱，由一味刷题到了解抽象数学的有趣，由避之不及到主动动手发现。

2018年11月1日 上午11:48

知识产权过河卒 智慧教学探路人——走近上海大学法学院/知识…

陶鑫良，上海大学知识产权学院名誉院长。他被称为"教师的一半是律师，学者的一半是行者"，他微博自题："知识产权过河卒，智慧教学探索者"。"基于知识产权重大问题的实战教学法"就是陶教授与上大同事多年积累的智慧教学改革方面的有效经验之一。

2018年10月2日 下午4:09

# 后　记

一直以来,我想要编一本讲述"教师教书育人"的书。今天,终于如愿。

2018年的下半年到寒假,只要有零星时间,我都会打开"征文"文件夹。阅读着学生的文字,这个冬天便不再寒冷。因为,我的心境始终是激动的、敞亮的、温暖的……

说句真心话,我也曾想过放弃。可是,那20多万的文字仿佛有灵性,时刻撩拨着我。

在上海大学29年的校龄和教龄,使我结识了很多教师。尤其是2011年调至教务处工作后,我熟悉了更多同事,并与他们产生工作交集。还有相当一部分教师是我从学生评教、学生征文中了解的。虽然有的老师我未曾谋面,未曾言语一句,但我关注他们的教学实践,也愿意通过学生的笔触探索他们执着于讲台的内心世界。

是什么鼓励着我一而再、再而三地组织征文活动,让学生动笔写老师呢?记得1998年以来,上海大学工会曾发起四次教师大讨论。为此,学校出版了《教师论师德》《教师谈创新》《教师话育人》和《教师议教风》四本书。前两本,分别以师德、创新为主题,配合学校的改革创新、师德师风建设,起到积极的推动作用。我参与了后三次征文,文章入选《教师谈创新》《教师话育人》和《教师议教风》。时间已过去20年,上海大学正在成为地方高水平大学的标杆,加快推进"双一流"建设。此刻,我翻阅这四本小书,惊讶地发现很多熟悉的教师的名字出现在我的这本征文集里。想来也对，当年的作者如今已成为学生笔下的教师，而我们也依旧在思考并续演着"新时代我们怎样做老师"这个主题。我们依旧有必要展现学生笔下的上海大学教师群像，明晰教师的使命在于教书育人，努力"正师风、铸师魂、正行风、树形象"。

小结五次学生征文，我已累积了 100 余篇文章。虽然有不少已通过《上海大学》校报、"上海大学"公众号、"顾晓英工作室"公众号陆续发表，一定程度上为学校营造了莘莘学子尊师和展现师爱的良好氛围。但更多的文字一直"躺"在我的移动硬盘里，有了年代感却始终没有机会亮相。

可以说，五年的变化不大，因为校园还是那个校园，教室还是那个教室。但也必须承认，五年的变化很大，因为有些学生作者早已不知去向何方，学生笔下可敬的老师有依旧在岗兢兢业业的，也有调离学校的、荣休的，甚至有一位已经憾然离世，再也看不见她亲爱的学生的文字……

记得，最早的一次征文是在五年前。那是 2013 年，菊花盛开的季节。上海大学教务处会同校报、学工办和社区学院，策划了首届"菊之魅 师之爱——我喜爱的上大老师"主题征文，36 篇学生征文写出了浓浓的师生情谊，其中有 7 篇描写辅导员、2 篇写了没署名的宿舍管理员，反映了上海大学师生积极投身本科教学改革的样貌。当年，我汇编了文集，借社科学院 B 楼会议室召开了颁奖会暨师生面对面迎新座谈会。当时的场景，感人肺腑。

第二次，2015 年，又一个菊花盛开的季节。由上海大学教务处会同宣传部、文明办、研工部主办，文学院、社区学院承办了第二届"激励计划之'我喜爱的老师是这样授课的'"主题征文。彼时，学校正积极落实上海市本科教学教师激励计划。40 篇征文展现了上海大学学生的尊师情怀，增进了师生间的和谐互动，营造了良好的育人氛围。我同样编撰了文集，借文学院 A6 楼会议室组织了征文颁奖会暨师生座谈会。获奖的学生和被采写的老师们把会议室挤得满满当当。学生当着自己喜爱的老师的面表达了对老师的尊敬和爱戴，在场的老师们听到了学生的真实心声。最感人的场景出现在老师和学生的交流环节。学生们亲口用"任性""萌萌哒""人生启蒙老师"等言语感谢喜爱的老师。老师们则激动地感怀，"今天被写进征文，我很是惊喜。我读到学生文字以后热泪盈眶，特别有感触"。

第三次，2017 年，教师节前后。上海大学隆重举行庆祝第 33 个教师节暨表彰大会。大会表彰了 2017 年度国家级、上海市及上海大学的优秀教师个人和优秀教学科研团队。其中，无人艇团队和"大国方略"系列课程教学团队荣获上海大学校长奖，来自多个学院的 21 名教师荣获 2017 年度学校教书育人贡献奖。获奖老师扎根教学第一线，淳朴务实，默默奉献，深受学生的信任与爱戴。他们是课程思政的践行者。上海大学教务处联合宣传部、校团委发起第一届"走近您，走进您的教书育人故事里"征文活动。学生采访年度"教书育人贡献奖"获奖教师，用笔更用真情书写了师德师爱。

第四次，2018 年 5 月，为全面落实党的十九大关于"加强师德师风建设，培养高素质教师队伍，倡导全社会尊师重教"的号召和习近平总书记关于广大教师要做"四有"好老师的指示要求，深入贯彻落实《关于加强和改进新形势下高校思想政治工作的意见》《关于全面深化新时代教师队伍建设改革的意见》《教师教育振兴行动计划（2018—2022 年）》和《高校思想政治工作质量提升工程实施纲要》等文件精神，大力推动以"课程思政"为目标的课堂教学改革，引导广大教师不忘立德树人初心，牢记人才培养使命，将更多精力投入到教书育人工作上。根据上海大学 2018 年课程思政实施方案，教务处发起第二届"走近您，走进您的教书育人故事里"主题征文活动。学生围绕立德树人主题，深入挖掘本校教职员工课程、科研、实践、文化、网络、心理、管理、服务、资助、组织等方面工作的育人平凡事、典型事、生动事。

第五次，2018 年 5 月，2017 年上海市教学成果奖获奖名单揭晓。上海大学作为第一完成单位获得上海市教学成果奖 24 项，其中特等奖 2 项、一等奖 13 项、二等奖 9 项，作为第二完成单位荣获上海市教学成果特等奖 1 项、一等奖 1 项。这是上海大学在历届上海市教学成果奖评选中获奖最多的一届。获奖成果不仅是项目组成员在学校教学改革中努力奋斗的创造性劳动成果，也是全校教师在教学工作岗位上默默耕耘、无私奉献的共同结晶，是学校在立德树人、教书育人、教学改革方面取得的重大进展和成就。12月，教育部公布2018年国家级教学成果奖获奖结果。上海大学获高等教育国家级教学成果奖2项，其中独立完成二等奖成果1项，与兄弟高校合作完成一等奖成果1项。"大国方略系列课程的创设与实践"获国家级教学成果二等奖，表明上海大学继思想政治理论课"项链模式"项目荣获2014年国家级教学成果奖二等奖之后，大学生思想政治教育教学改革继续走在了全国高校的前列。9月，教师节大会，学校对获奖老师进行了表彰。随后，上海大学教务处组织校报学生记者团、人才学院和社区学院育成计划学生采访了部分上海市教学成果奖负责人，借"顾晓英工作室"公众号陆续刊登了学生文章，走进教师教书育人的故事里……

  本书共收录76篇文章。对于"一师多文"作了取舍，也删去了部分篇幅过短的文章。

  本书尽量保持学生的原生态文字。我们花费大量时间对内容的规范准确作了校验核对，尽可能地减少别字病句，消除模棱两可的意思表达。正文中老师和学生身份是学生写作时的过去时态。

  感谢学生作者与他们笔下的老师，每次编选和阅读，都仿佛置身于他们中间，坦诚交流，共同成长。

  感谢上海大学上海美术学院张孟常老师，结伴到校，巧取书名："与子同行"——"子"亦师亦生，"同行"意在同向同行，隽永深沉。

  感谢上海大学妇委会李瑛霞老师，认真阅读学生的每一个文字，拨冗润笔，让青涩变为通顺，与我一起第一时间感悟走心的师生和谐。

  感谢上海大学出版社傅玉芳老师和她的编辑团队，辛苦编校，付出辛勤劳动。他们让墨香新书成为今日学校"促进教师和学生共同快乐成长"的美好见证，成为上海大学"课程思政"整体试点学校的别样风景。

  最后，需要说明的是，这只是学生笔下上海大学教师群像中的一部分。我们还将继续关注，搭建平台，或征文或座谈或评奖……期待更多学生积极参与，踊跃书写你熟悉而又喜爱的老师！征文活动、师生座谈会、成书出版，一路上我都得到校领导和教务处、宣传部、社区学院等部门的关心支持，在